# CÓDIGO TRIBUTÁRIO NACIONAL

LEI Nº 5.172, DE 25 DE OUTUBRO DE 1966

Atualizado até as alterações publicadas no *DOU* de 7 de JANEIRO de 2022

*O livro é a porta que se abre para a realização do homem.*
Jair Lot Vieira

Supervisão editorial
JAIR LOT VIEIRA

# CÓDIGO TRIBUTÁRIO NACIONAL

LEI Nº 5.172, DE 25 DE OUTUBRO DE 1966

Atualizado até as alterações publicadas no
*DOU* de 7 de JANEIRO de 2022

4ª EDIÇÃO
**2022**

▶ **ÍNDICE REMISSIVO**
▶ **NOTAS REMISSIVAS**
▶ **SÚMULAS**

edipro

Copyright desta edição © 2022 by Edipro Edições Profissionais Ltda.

Todos os direitos reservados. Nenhuma parte deste livro poderá ser reproduzida ou transmitida de qualquer forma ou por quaisquer meios, eletrônicos ou mecânicos, incluindo fotocópia, gravação ou qualquer sistema de armazenamento e recuperação de informações, sem permissão por escrito do editor.

Grafia conforme o novo Acordo Ortográfico da Língua Portuguesa.

4ª edição, 2022.

Atualizada até a Lei Complementar nº 187, de 16.12.2021, e o *DOU* de 7.1.2022.

**Editores:** Jair Lot Vieira e Maíra Lot Vieira Micales
**Coordenação editorial:** Fernanda Godoy Tarcinalli
**Produção editorial:** Karine Moreto de Almeida
**Editoração:** Alexandre Rudyard Benevides
**Notas remissivas:** Georgia Evelyn Franco e Valéria Maria Sant'Anna
**Índice remissivo:** Valéria Maria Sant'Anna
**Revisão:** Brendha Rodrigues Barreto, Georgia Evelyn Franco e Sandra Cristina Lopes Conesa
**Diagramação:** Ana Laura Padovan e Karina Tenório
**Capa:** Karine Moreto de Almeida

Dados Internacionais de Catalogação na Publicação (CIP)
(Câmara Brasileira do Livro, SP, Brasil)

---

Brasil
 [Código tributário]
 Código tributário nacional : lei nº 5.172, de 25 de outubro de 1966 / supervisão editorial Jair Lot Vieira. – 4. ed. – São Paulo : Edipro, 2022. – (Série legislação)

 ISBN 978-65-5660-064-2

 1. Direito tributário – Leis e legislação – Brasil I. Vieira, Jair Lot. II. Série.

| | |
|---|---|
| 21-88382 | CDU-34:336.2(81)(094.4) |

Índice para catálogo sistemático:
1. Brasil : Código tributário : 34:336.2(81)(094.4)

Cibele Maria Dias – Bibliotecária – CRB-8/9427

São Paulo: (11) 3107-7050 • Bauru: (14) 3234-4121
www.edipro.com.br • edipro@edipro.com.br
@editoraedipro   @editoraedipro

# SUMÁRIO

# CÓDIGO TRIBUTÁRIO NACIONAL
**LEI Nº 5.172, DE 25 DE OUTUBRO DE 1966**

Atualizada até a Lei Complementar nº 187, de 16.12.2021.

## DISPOSIÇÃO PRELIMINAR
(art. 1º)

DISPOSIÇÃO PRELIMINAR (art. 1º) .................................................. 13

## LIVRO PRIMEIRO
## SISTEMA TRIBUTÁRIO NACIONAL
(arts. 2º a 95)

**TÍTULO I** – DISPOSIÇÕES GERAIS (arts. 2º ao 5º) ..................... 13

**TÍTULO II** – COMPETÊNCIA TRIBUTÁRIA (arts. 6º a 15) ............ 14

   **Capítulo I** – Disposições Gerais (arts. 6º ao 8º) ......................... 14

   **Capítulo II** – Limitações da Competência Tributária (arts. 9º a 15) .... 14

      Seção I – Disposições Gerais (arts. 9º a 11) ........................... 14

      Seção II – Disposições Especiais (arts. 12 a 15) .................... 15

**TÍTULO III** – IMPOSTOS (arts. 16 a 76) ........................................ 16

   **Capítulo I** – Disposições Gerais (arts. 16 a 18) .......................... 16

   **Capítulo II** – Impostos sobre o Comércio Exterior (arts. 19 a 28) .... 17

      Seção I – Impostos sobre a Importação (arts. 19 a 22) ........... 17

      Seção II – Imposto sobre a Exportação (arts. 23 a 28) ............ 17

   **Capítulo III** – Impostos sobre o Patrimônio e a Renda (arts. 29 a 45) .... 18

## SUMÁRIO — CÓDIGO TRIBUTÁRIO NACIONAL

Seção I – Imposto sobre a Propriedade Territorial Rural (arts. 29 a 31) ........ 18

Seção II – Imposto sobre a Propriedade Predial e Territorial Urbana (arts. 32 a 34) ........ 18

Seção III – Imposto sobre a Transmissão de Bens Imóveis e de Direitos a eles Relativos (arts. 35 a 42) ........ 19

Seção IV – Imposto sobre a Renda e Proventos de Qualquer Natureza (arts. 43 a 45) ........ 20

**Capítulo IV** – Impostos sobre a Produção e a Circulação (arts. 46 a 73) ........ 21

Seção I – Imposto sobre Produtos Industrializados (arts. 46 a 51) ........ 21

Seção II – Imposto Estadual sobre Operações Relativas à Circulação de Mercadorias (arts. 52 a 58) ........ 22

Seção III – Imposto Municipal sobre Operações Relativas à Circulação de Mercadorias (arts. 59 a 62) ........ 23

Seção IV – Imposto sobre Operações de Crédito, Câmbio e Seguro, e sobre Operações Relativas a Títulos e Valores Mobiliários (arts. 63 a 67) ........ 23

Seção V – Imposto sobre Serviços de Transportes e Comunicações (arts. 68 a 70) ........ 24

Seção VI – Imposto sobre Serviços de Qualquer Natureza (arts. 71 a 73) ........ 24

**Capítulo V** – Impostos Especiais (arts. 74 a 76) ........ 24

Seção I – Imposto sobre Operações Relativas a Combustíveis, Lubrificantes, Energia Elétrica e Minerais do País (arts. 74 e 75) ........ 24

Seção II – Impostos Extraordinários (art. 76) ........ 25

**TÍTULO IV – TAXAS** (arts. 77 a 80) ........ 25

**TÍTULO V – CONTRIBUIÇÃO DE MELHORIA** (arts. 81 e 82) ........ 26

**TÍTULO VI – DISTRIBUIÇÕES DE RECEITAS TRIBUTÁRIAS** (arts. 83 a 95) ........ 27

**Capítulo I** – Disposições Gerais (arts. 83 e 84) ........ 27

**Capítulo II** – Imposto sobre a Propriedade Territorial Rural e sobre a Renda e Proventos de Qualquer Natureza (art. 85) ........ 27

**Capítulo III** – Fundos de Participação dos Estados e dos Municípios (arts. 86 a 95) ........ 28

CÓDIGO TRIBUTÁRIO NACIONAL **SUMÁRIO**

Seção I – Constituição dos Fundos (arts. 86 e 87) .................... 28

Seção II – Critério de Distribuição do Fundo de Participação dos Estados (arts. 88 a 90) ......................................................... 28

Seção III – Critério de Distribuição do Fundo de Participação dos Municípios (art. 91) ............................................................... 29

Seção IV – Cálculo e Pagamento das Quotas Estaduais e Municipais (arts. 92 e 93) .................................................... 30

Seção V – Comprovação da Aplicação das Quotas Estaduais e Municipais (art. 94) .............................................................. 30

**Capítulo IV** – Imposto sobre Operações Relativas a Combustíveis, Lubrificantes, Energia Elétrica e Minerais do País (art. 95) ......... 30

## LIVRO SEGUNDO
## NORMAS GERAIS DE DIREITO TRIBUTÁRIO
(arts. 96 a 218)

**TÍTULO I – LEGISLAÇÃO TRIBUTÁRIA** (arts. 96 a 112) ...................... 31

**Capítulo I** – Disposições Gerais (arts. 96 a 100) ............................ 31

Seção I – Disposição Preliminar (art. 96) ................................... 31

Seção II – Leis, Tratados e Convenções Internacionais e Decretos (arts. 97 a 99) .......................................................... 31

Seção III – Normas Complementares (art. 100) ........................ 31

**Capítulo II** – Vigência da Legislação Tributária (arts. 101 a 104) ...... 32

**Capítulo III** – Aplicação da Legislação Tributária (arts. 105 e 106) ...... 32

**Capítulo IV** – Interpretação e Integração da Legislação Tributária (arts. 107 a 112) .................................................................... 33

**TÍTULO II – OBRIGAÇÃO TRIBUTÁRIA** (arts. 113 a 138) ..................... 34

**Capítulo I** – Disposições Gerais (art. 113) ................................... 34

**Capítulo II** – Fato Gerador (arts. 114 a 118) ................................. 34

**Capítulo III** – Sujeito Ativo (arts. 119 e 120) ................................. 35

**Capítulo IV** – Sujeito Passivo (arts. 121 a 127) ............................ 35

Seção I – Disposições Gerais (arts. 121 a 123) ......................... 35

Seção II – Solidariedade (arts. 124 e 125) ................................. 35

Seção III – Capacidade Tributária (art. 126) ............................... 35

Seção IV – Domicílio Tributário (art. 127) .................................. 36

**Capítulo V** – Responsabilidade Tributária (arts. 128 a 138) .............. 36

## SUMÁRIO — CÓDIGO TRIBUTÁRIO NACIONAL

Seção I – Disposição Geral (art. 128) ............................................. 36
Seção II – Responsabilidade dos Sucessores (arts. 129 a 133) ... 36
Seção III – Responsabilidade de Terceiros (arts. 134 e 135) ....... 38
Seção IV – Responsabilidade por Infrações (arts. 136 a 138) ..... 38
**TÍTULO III – CRÉDITO TRIBUTÁRIO** (arts. 139 a 193) ......................... 39
**Capítulo I** – Disposições Gerais (arts. 139 a 141) ........................ 39
**Capítulo II** – Constituição de Crédito Tributário (arts. 142 a 150) ..... 39
Seção I – Lançamento (arts. 142 a 146) ....................................... 39
Seção II – Modalidades de Lançamento (arts. 147 a 150) .......... 40
**Capítulo III** – Suspensão do Crédito Tributário (arts. 151 a 155-A) ..... 42
Seção I – Disposições Gerais (art. 151) ....................................... 42
Seção II – Moratória (arts. 152 a 155-A) ....................................... 42
**Capítulo IV** – Extinção do Crédito Tributário (arts. 156 a 174) .......... 43
Seção I – Modalidades de Extinção (art. 156) .............................. 43
Seção II – Pagamento (arts. 157 a 164) ....................................... 44
Seção III – Pagamento Indevido (arts. 165 a 169) ....................... 46
Seção IV – Demais Modalidades de Extinção (arts. 170 a 174) .... 47
**Capítulo V** – Exclusão de Crédito Tributário (arts. 175 a 182) ......... 48
Seção I – Disposições Gerais (art. 175) ....................................... 48
Seção II – Isenção (arts. 176 a 179) ............................................. 48
Seção III – Anistia (arts. 180 a 182) .............................................. 49
**Capítulo VI** – Garantias e Privilégios do Crédito Tributário
(arts. 183 a 193) ............................................................................ 50
Seção I – Disposições Gerais (arts. 183 a 185-A) ....................... 50
Seção II – Preferências (arts. 186 e 193) ..................................... 51
**TÍTULO IV – ADMINISTRAÇÃO TRIBUTÁRIA** (arts. 194 a 208) ............ 52
**Capítulo I** – Fiscalização (arts. 194 a 200) .................................... 52
**Capítulo II** – Dívida Ativa (arts. 201 a 204) ................................... 54
**Capítulo III** – Certidões Negativas (arts. 205 a 208) ..................... 54

## DISPOSIÇÕES FINAIS E TRANSITÓRIAS
(arts. 209 a 218)

DISPOSIÇÕES FINAIS E TRANSITÓRIAS (arts. 209 a 218) ................ 56

# ANEXOS .................................................................................... 59

**Anexo I** – Normas complementares ................................................. 59

**Leis** ............................................................................................ 59

Lei Complementar nº 24, de 7 de janeiro de 1975 – *Dispõe sobre os convênios para a concessão de isenções do imposto sobre operações relativas à circulação de mercadorias, e dá outras providências* ..................................................... 59

Lei Complementar nº 59, de 22 de dezembro de 1988 – *Dá nova redação ao § 3º do art. 91 da Lei nº 5.172, de 25 de outubro de 1966 (Código Tributário Nacional)* ................................. 61

Lei Complementar nº 87, de 13 de setembro de 1996 – *Dispõe sobre o imposto dos Estados e do Distrito Federal sobre operações relativas à circulação de mercadorias e sobre prestações de serviços de transporte interestadual e intermunicipal e de comunicação, e dá outras providências. (LEI KANDIR)* [Atualizada até as alterações mais recentes, promovidas pela Lei Complementar nº 190, de 4.1.2022] .......... 62

Anexo ........................................................................................ 78

Lei Complementar nº 91, de 22 de dezembro de 1997 – *Dispõe sobre a fixação dos coeficientes do Fundo de Participação dos Municípios* [Atualizada até as alterações mais recentes, promovidas pela Lei Complementar nº 165, de 3.1.2019] ...... 81

Lei Complementar nº 116, de 31 de julho de 2003 – *Dispõe sobre o Imposto Sobre Serviços de Qualquer Natureza, de competência dos Municípios e do Distrito Federal, e dá outras providências* [Atualizada até as alterações mais recentes, promovidas pela Lei Complementar nº 183, de 22.9.2021] ................. 83

Lista de serviços anexa à Lei Complementar nº 116, de 31 de julho de 2003 [Atualizada até as alterações mais recentes, promovidas pela Lei Complementar nº 183, de 22.9.2021] .................................................................... 88

Lei Complementar nº 118, de 9 de fevereiro de 2005 *(Excertos) – Altera e acrescenta dispositivos à Lei nº 5.172, de 25 de outubro de 1966 – Código Tributário Nacional, e dispõe sobre a interpretação do inciso I do art. 168 da mesma Lei* ...... 99

Lei Complementar nº 143, de 17 de julho de 2013 *(Excertos) – Altera a Lei Complementar nº 62, de 28 de dezembro de 1989, a Lei nº 5.172, de 25 de outubro de 1966 (Código Tributário Nacional), e a Lei nº 8.443, de 16 de julho de 1992 (Lei Orgânica do Tribunal de Contas da União), para dispor sobre os critérios de rateio do Fundo de Participação dos Estados e do Distrito Federal (FPE); e revoga dispositivos da Lei nº 5.172, de 25 de outubro de 1966* ............................. 99

Lei Complementar nº 157, de 29 de dezembro de 2016 *(Excertos) – Altera a Lei Complementar nº 116, de 31 de julho de 2003, que dispõe sobre o Imposto sobre Serviços de Qualquer Natureza, a Lei nº 8.429, de 2 de junho de 1992 (Lei de Improbidade Administrativa), e a Lei Complementar nº 63, de 11 de janeiro de 1990, que "dispõe sobre critérios e prazos de crédito das parcelas do produto da arrecadação de impostos de competência dos Estados e de transferências por estes recebidos, pertencentes aos Municípios, e dá outras providências* .................................................................. 100

Lei Complementar nº 174, de 5 de agosto de 2020 – *Autoriza a extinção de créditos tributários apurados na forma do Regime Especial Unificado de Arrecadação de Tributos e Contribuições devidos pelas Microempresas e Empresas de Pequeno Porte (Simples Nacional), mediante celebração de transação resolutiva de litígio; e prorroga o prazo para enquadramento no Simples Nacional em todo o território brasileiro, no ano de 2020, para microempresas e empresas de pequeno porte em início de atividade* ..................................... 101

Lei Complementar nº 175, de 23 de setembro de 2020 – *Dispõe sobre o padrão nacional de obrigação acessória do Imposto Sobre Serviços de Qualquer Natureza (ISSQN), de competência dos Municípios e do Distrito Federal, incidente sobre os serviços previstos nos subitens 4.22, 4.23, 5.09, 15.01 e 15.09 da lista de serviços anexa à Lei Complementar nº 116, de 31 de julho de 2003; altera dispositivos da referida Lei Complementar; prevê regra de transição para a partilha do produto da arrecadação do ISSQN entre o Município do local do estabelecimento prestador e o Município do domicílio do tomador relativamente aos serviços de que trata; e dá outras providências* ............................................................................ 102

Lei nº 13.988, de 14 de abril de 2020 – *Dispõe sobre a transação nas hipóteses que especifica; e altera as Leis nºs 13.464, de 10 de julho de 2017, e 10.522, de 19 de julho de 2002* .......... 105

**Atos Complementares** ........................................................................ 115

Ato Complementar nº 27, de 8 de dezembro de 1966 – *Altera o Código Tributário Nacional* [Atualizado até as alterações mais recentes, promovidas pelo Ato Complementar nº 35, de 28.2.1967] .............................................................................. 115

Ato Complementar nº 31, de 28 de dezembro de 1966 – *Dispõe sobre o imposto de circulação de mercadorias cobrado pelos Estados, extingue o pertencente aos Municípios, e dá outras*

CÓDIGO TRIBUTÁRIO NACIONAL **SUMÁRIO**

*providências* [Atualizado até as alterações mais recentes, promovidas pelo Ato Complementar nº 34, de 30.1.1967]...... 117

Ato Complementar nº 34, de 30 de janeiro de 1967 – *Estabelece para os Estados e Municípios uma política comum em matéria do imposto de circulação de mercadorias* [Atualizado até as alterações mais recentes, promovidas pelo Ato Complementar nº 36, de 13.3.1967].................................................... 119

Ato Complementar nº 35, de 28 de fevereiro de 1967 – *Altera a Lei nº 5.172, de 25 de outubro de 1966, e legislação posterior sobre o Sistema Tributário Nacional* [Atualizado até as alterações mais recentes, promovidas pelo Ato Complementar nº 36, de 13.3.1967].......................................... 121

Ato Complementar nº 36, de 13 de março de 1967 – *Dispõe sobre o Imposto sobre Circulação de Mercadorias, altera os Atos Complementares nºs 34, de 1967 e 35, de 1967, e denomina "Código Tributário Nacional" a Lei nº 5.172, de 1966 e suas alterações* .................................................. 123

**Anexo II** – Resoluções do Senado Federal .................................. 125

Resolução nº 337, de 27 de setembro de 1983 – *Suspende a execução do art. 4º do Decreto-Lei nº 57, de 18 de novembro de 1966, e do § 3º do art. 85 da Lei nº 5.172, de 25 de outubro de 1966 – Código Tributário Nacional* .................... 125

Resolução nº 22, de 19 de maio de 1989 – *Estabelece alíquotas do Imposto sobre Operações Relativas à Circulação de Mercadorias e sobre Prestação de Serviços de Transporte Interestadual e Intermunicipal e de Comunicação, nas operações e prestações interestaduais* ...................................... 125

**Anexo III** – Súmulas do Supremo Tribunal Federal ......................... 127

**Anexo IV** – Súmulas Vinculantes do Supremo Tribunal Federal ....... 133

**Anexo V** – Súmulas do Superior Tribunal de Justiça ....................... 135

# ÍNDICE REMISSIVO ................................................................. 139

# CÓDIGO TRIBUTÁRIO NACIONAL

## LEI Nº 5.172, DE 25 DE OUTUBRO DE 1966*

Atualizada até a Lei Complementar nº 187, de 16.12.2021.

*Dispõe sobre o Sistema Tributário Nacional e institui normas gerais de direito tributário aplicáveis à União, Estados e Municípios.*

O Presidente da República,

Faço saber que o Congresso Nacional decreta e eu sanciono a seguinte Lei:

## DISPOSIÇÃO PRELIMINAR

**Art. 1º.** Esta Lei regula, com fundamento na Emenda Constitucional nº 18, de 1º de dezembro de 1965, o sistema tributário nacional e estabelece, com fundamento no art. 5º, inciso XV, alínea "b", da Constituição Federal,♦ as normas gerais de direito tributário aplicáveis à União, aos Estados, ao Distrito Federal e aos Municípios, sem prejuízo da respectiva legislação complementar, supletiva ou regulamentar.

♦ Constituição dos Estados Unidos do Brasil/1946. Vide art. 24, I, da CF/1988.

## LIVRO PRIMEIRO
## SISTEMA TRIBUTÁRIO NACIONAL

### TÍTULO I
### DISPOSIÇÕES GERAIS

**Art. 2º.** O sistema tributário nacional é regido pelo disposto na Emenda Constitucional nº 18, de 1º de dezembro de 1965, em leis complementares, em resoluções do Senado Federal e, nos limites das respectivas competências, em leis federais, nas Constituições e em leis estaduais, e em leis municipais.

(*) V. art. 96 do CTN.

---

(*) Esta Lei passou a ser denominada "Código Tributário Nacional" por força do art. 7º do Ato Complementar nº 36, de 13.3.1967.

**Art. 3º.** Tributo é toda prestação pecuniária compulsória, em moeda ou cujo valor nela se possa exprimir, que não constitua sanção de ato ilícito, instituída em lei e cobrada mediante atividade administrativa plenamente vinculada.

(*) V. art. 97 do CTN.
(*) Vide art. 37, *caput*, da CF/1988.
(*) Vide Súmula 545 do STF.

**Art. 4º.** A natureza jurídica específica do tributo é determinada pelo fato gerador da respectiva obrigação, sendo irrelevantes para qualificá-la:

(*) V. arts. 97, III; e 114 a 118 do CTN.

I – a denominação e demais características formais adotadas pela lei;

II – a destinação legal do produto da sua arrecadação.

**Art. 5º.** Os tributos são impostos, taxas e contribuições de melhoria.

(*) V. arts. 16 a 76 do CTN (impostos).
(*) V. arts. 77 a 80 do CTN (taxas).
(*) V. arts. 81 e 82 do CTN (contribuição de melhoria).
(*) Vide arts. 145, II e III; 148 e 195 da CF/1988.
(*) Vide Súmula 667 do STF.

# TÍTULO II
# COMPETÊNCIA TRIBUTÁRIA

## Capítulo I
## DISPOSIÇÕES GERAIS

**Art. 6º.** A atribuição constitucional de competência tributária compreende a competência legislativa plena, ressalvadas as limitações contidas na Constituição Federal, nas Constituições dos Estados e nas Leis Orgânicas do Distrito Federal e dos Municípios, e observado o disposto nesta Lei.

Parágrafo único. Os tributos cuja receita seja distribuída, no todo ou em parte, a outras pessoas jurídicas de direito público pertencerá à competência legislativa daquela a que tenham sido atribuídos.

(*) Vide Súmula 69 do STF.

**Art. 7º.** A competência tributária é indelegável, salvo atribuição das funções de arrecadar ou fiscalizar tributos, ou de executar leis, serviços, atos ou decisões administrativas em matéria tributária, conferida por uma pessoa jurídica de direito público a outra, nos termos do § 3º do art. 18 da Constituição♦.

♦ Constituição dos Estados Unidos do Brasil/1946. Vide art. 24, I, da CF/1988.

§ 1º. A atribuição compreende as garantias e os privilégios processuais que competem à pessoa jurídica de direito público que a conferir.

(*) V. arts. 183 a 193 do CTN.

§ 2º. A atribuição pode ser revogada, a qualquer tempo, por ato unilateral da pessoa jurídica de direito público que a tenha conferido.

§ 3º. Não constitui delegação de competência o cometimento, a pessoas de direito privado, do encargo ou da função de arrecadar tributos.

(*) V. art. 84 do CTN.

**Art. 8º.** O não exercício da competência tributária não a defere a pessoa jurídica de direito público diversa daquela a que a Constituição a tenha atribuído.

## Capítulo II
## LIMITAÇÕES
## DA COMPETÊNCIA TRIBUTÁRIA

### Seção I
### Disposições Gerais

**Art. 9º.** É vedado à União, aos Estados, ao Distrito Federal e aos Municípios:

LIVRO PRIMEIRO – SISTEMA TRIBUTÁRIO NACIONAL  ART. 12

I – instituir ou majorar tributos sem que a lei o estabeleça, ressalvado, quanto à majoração, o disposto nos arts. 21, 26 e 65;

(*) V. art. 97, I e II, do CTN.
(*) Vide arts. 145; e 146, II e III, da CF/1988.

II – cobrar imposto sobre o patrimônio e a renda com base em lei posterior à data inicial do exercício financeiro a que corresponda;

(*) Vide Súmula Vinculante 50 do STF.

III – estabelecer limitações ao tráfego, no território nacional, de pessoas ou mercadorias, por meio de tributos interestaduais ou intermunicipais;

IV – cobrar imposto sobre:

(*) V. § 1º deste artigo; e arts. 12 a 14 do CTN.

a) o patrimônio, a renda ou os serviços uns dos outros;

(*) V. § 2º deste artigo.

b) templos de qualquer culto;

c) o patrimônio, a renda ou serviços dos partidos políticos, inclusive suas fundações, das entidades sindicais dos trabalhadores, das instituições de educação e de assistência social, sem fins lucrativos, observados os requisitos fixados na Seção II deste Capítulo;

(*) Alínea "c" com redação dada pela Lei Complementar nº 104/2001.
(*) V. arts. 12 a 15 do CTN.
(*) Vide Súmulas 724 e 730 do STF.
(*) Vide Súmula Vinculante 52 do STF.
(*) Vide Súmula 612 do STJ.

d) papel destinado exclusivamente à impressão de jornais, periódicos e livros.

(*) Vide Súmulas 657 e 662 do STF.
(*) Vide Súmula Vinculante 57 do STF.

§ 1º. O disposto no inciso IV não exclui a atribuição, por lei, às entidades nele referidas, da condição de responsáveis pelos tributos que lhes caiba reter na fonte, e não as dispensa da prática de atos, previstos em lei, assecuratórios do cumprimento de obrigações tributárias por terceiros.

(*) V. arts. 12; 13, parágrafo único; e 14, § 1º, do CTN.

§ 2º. O disposto na alínea "a" do inciso IV aplica-se, exclusivamente, aos serviços próprios das pessoas jurídicas de direito público a que se refere este artigo, e inerentes aos seus objetivos.

(*) V. art. 12 do CTN.

**Art. 10.** É vedado à União instituir tributo que não seja uniforme em todo o território nacional, ou que importe distinção ou preferência em favor de determinado Estado ou Município.

(*) Vide arts. 3º, III; 60, § 4º, I; e 150, VI, "a", da CF/1988.

**Art. 11.** É vedado aos Estados, ao Distrito Federal e aos Municípios estabelecer diferença tributária entre bens de qualquer natureza, em razão da sua procedência ou do seu destino.

## Seção II
## Disposições Especiais

**Art. 12.** O disposto na alínea "a" do inciso IV do art. 9º, observado o disposto nos seus §§ 1º e 2º, é extensivo às autarquias criadas pela União, pelos Estados, pelo Distrito Federal ou pelos Municípios, tão somente no que se refere ao patrimônio, à renda ou aos serviços vinculados às suas finalidades essenciais, ou delas decorrentes.

(*) Vide Súmulas 73, 74, 76, 336 e 583 do STF.

**Art. 13.** O disposto na alínea "a" do inciso IV do art. 9º não se aplica aos serviços públicos concedidos, cujo tratamento tributário é estabelecido pelo poder concedente, no que se refere aos tributos de sua competência, ressalvado o que dispõe o parágrafo único.

Parágrafo único. Mediante lei especial e tendo em vista o interesse comum, a União pode instituir isenção de tributos federais, estaduais e municipais para os serviços públicos que conceder, observado o disposto no § 1º do art. 9º.

(*) Vide Súmulas 78 e 79 do STF.

**Art. 14.** O disposto na alínea "c" do inciso IV do art. 9º é subordinado à observância dos seguintes requisitos pelas entidades nele referidas:

(*) Vide Súmula 612 do STJ.

I – não distribuírem qualquer parcela de seu patrimônio ou de suas rendas, a qualquer título;

(*) Inciso I com redação dada pela Lei Complementar nº 104/2001.

II – aplicarem integralmente, no País, os seus recursos na manutenção dos seus objetivos institucionais;

III – manterem escrituração de suas receitas e despesas em livros revestidos de formalidades capazes de assegurar sua exatidão.

§ 1º. Na falta de cumprimento do disposto neste artigo, ou no § 1º do art. 9º, a autoridade competente pode suspender a aplicação do benefício.

§ 2º. Os serviços a que se refere a alínea "c" do inciso IV do art. 9º são exclusivamente, os diretamente relacionados com os objetivos institucionais das entidades de que trata este artigo, previstos nos respectivos estatutos ou atos constitutivos.

**Art. 15.** Somente a União, nos seguintes casos excepcionais, pode instituir empréstimos compulsórios:

(*) Vide art. 148 da CF/1988.

I – guerra externa, ou sua iminência;

II – calamidade pública que exija auxílio federal impossível de atender com os recursos orçamentários disponíveis;

III – conjuntura que exija a absorção temporária de poder aquisitivo.

Parágrafo único. A lei fixará obrigatoriamente o prazo do empréstimo e as condições de seu resgate, observando, no que for aplicável, o disposto nesta Lei.

(*) Vide Súmula 418 do STF.

## TÍTULO III
## IMPOSTOS

### Capítulo I
### DISPOSIÇÕES GERAIS

**Art. 16.** Imposto é o tributo cuja obrigação tem por fato gerador uma situação independente de qualquer atividade estatal específica, relativa ao contribuinte.

(*) Vide art. 145, I, da CF/1988.

**Art. 17.** Os impostos componentes do sistema tributário nacional são exclusivamente os que constam deste Título, com as competências e limitações nele previstas.

(*) V. art. 217 do CTN.

**Art. 18.** Compete:

I – à União, instituir, nos Territórios Federais, os impostos atribuídos aos Estados e, se aqueles não forem divididos em Municípios, cumulativamente, os atribuídos a estes;

II – ao Distrito Federal e aos Estados não divididos em Municípios, instituir, cumulativamente, os impostos atribuídos aos Estados e aos Municípios.

## Capítulo II
## IMPOSTOS SOBRE O COMÉRCIO EXTERIOR

(*) Vide Decreto nº 6.759/2009, que regulamenta a administração das atividades aduaneiras, e a fiscalização, o controle e a tributação das operações de comércio exterior.

### Seção I
### Impostos sobre a Importação

**Art. 19.** O imposto, de competência da União, sobre a importação de produtos estrangeiros tem como fato gerador a entrada destes no território nacional.

(*) V. art. 74, II, do CTN.

(*) Vide Súmulas 48, 83, 85, 86, 88, 89 e 577 do STF.

(*) Vide Súmula Vinculante 48 do STF.

**Art. 20.** A base de cálculo do imposto é:

I – quando a alíquota seja específica, a unidade de medida adotada pela lei tributária;

II – quando a alíquota seja *ad valorem*, o preço normal que o produto, ou seu similar, alcançaria, ao tempo da importação, em uma venda em condições de livre concorrência, para entrega no porto ou lugar de entrada do produto no País;

(*) V. art. 47, I, do CTN.

(*) Vide Súmula 124 do STJ.

III – quando se trate de produto apreendido ou abandonado, levado a leilão, o preço da arrematação.

**Art. 21.** O Poder Executivo pode, nas condições e nos limites estabelecidos em lei, alterar as alíquotas ou as bases de cálculo do imposto, a fim de ajustá-lo aos objetivos da política cambial e do comércio exterior.

(*) V. arts. 9º, I; e 97, II e IV, do CTN.

**Art. 22.** Contribuinte do imposto é:

I – o importador ou quem a lei a ele equiparar;

II – o arrematante de produtos apreendidos ou abandonados.

### Seção II
### Imposto sobre a Exportação

**Art. 23.** O imposto, de competência da União, sobre a exportação, para o estrangeiro, de produtos nacionais ou nacionalizados tem como fato gerador a saída destes do território nacional.

(*) Vide Súmula 640 do STJ.

**Art. 24.** A base de cálculo do imposto é:

I – quando a alíquota seja específica, a unidade de medida adotada pela lei tributária;

II – quando a alíquota seja *ad valorem*, o preço normal que o produto, ou seu similar, alcançaria, ao tempo da exportação, em uma venda em condições de livre concorrência.

Parágrafo único. Para os efeitos do inciso II, considera-se a entrega como efetuada no porto ou lugar da saída do produto, deduzidos os tributos diretamente incidentes sobre a operação de exportação e, nas vendas efetuadas a prazo superior aos correntes no mercado internacional o custo do financiamento.

**Art. 25.** A lei pode adotar como base de cálculo a parcela do valor ou do preço, referidos no artigo anterior, excedente de valor básico, fixado de acordo com os critérios e dentro dos limites por ela estabelecidos.

**Art. 26.** O Poder Executivo pode, nas condições e nos limites estabelecidos em lei, alterar as alíquotas ou as bases de cálculo do imposto, a fim de ajustá-los aos objetivos da política cambial e do comércio exterior.

(*) V. arts. 9º, I; e 97, II e IV, do CTN.

**Art. 27.** Contribuinte do imposto é o exportador ou quem a lei a ele equiparar.

**Art. 28.** A receita líquida do imposto destina-se à formação de reservas monetárias, na forma da lei.

## Capítulo III
## IMPOSTOS SOBRE O PATRIMÔNIO E A RENDA

### Seção I
### Imposto sobre a Propriedade Territorial Rural

(*) Vide arts. 5º, XXII e XXIII; e 170, II e III, da CF/1988.

**Art. 29.** O imposto, de competência da União, sobre a propriedade territorial rural tem como fato gerador a propriedade, o domínio útil ou a posse de imóvel por natureza, como definido na lei civil, localização fora da zona urbana do Município.

(*) V. art. 32, § 1º, do CTN, que define zona urbana para o IPTU.

(*) V. art. 85, I, do CTN.

**Art. 30.** A base do cálculo do imposto é o valor fundiário.

(*) Vide Súmula 595 do STF.

**Art. 31.** Contribuinte do imposto é o proprietário do imóvel, o titular de seu domínio útil, ou o seu possuidor a qualquer título.

### Seção II
### Imposto sobre a Propriedade Predial e Territorial Urbana

(*) Vide arts. 5º, XXII e XXIII; e 170, II e III, da CF/1988.

**Art. 32.** O imposto, de competência dos Municípios, sobre a propriedade predial e territorial urbana tem como fato gerador a propriedade, o domínio útil ou a posse de bem imóvel por natureza ou por acessão física, como definido na lei civil, localizado na zona urbana do Município.

(*) Vide Súmula 724 do STF.

(*) Vide Súmula 614 do STJ.

§ 1º. Para os efeitos deste imposto, entende-se como zona urbana a definida em lei municipal; observado o requisito mínimo da existência de melhoramentos indicados em pelo menos 2 (dois) dos incisos seguintes, construídos ou mantidos pelo Poder Público:

I – meio-fio ou calçamento, com canalização de águas pluviais;

II – abastecimento de água;

III – sistema de esgotos sanitários;

IV – rede de iluminação pública, com ou sem posteamento para distribuição domiciliar;

V – escola primária ou posto de saúde a uma distância máxima de 3 (três) quilômetros do imóvel considerado.

(*) Vide Súmula 626 do STJ.

LIVRO PRIMEIRO – SISTEMA TRIBUTÁRIO NACIONAL

§ 2º. A lei municipal pode considerar urbanas as áreas urbanizáveis, ou de expansão urbana, constantes de loteamentos aprovados pelos órgãos competentes, destinados à habitação, à indústria ou ao comércio, mesmo que localizados fora das zonas definidas nos termos do parágrafo anterior.

**Art. 33.** A base do cálculo do imposto é o valor venal do imóvel.

Parágrafo único. Na determinação da base de cálculo, não se considera o valor dos bens móveis mantidos, em caráter permanente ou temporário, no imóvel, para efeito de sua utilização, exploração, aformoseamento ou comodidade.

(*) Vide Súmulas 589 e 668 do STF.
(*) Vide Súmula 160 do STJ.

**Art. 34.** Contribuinte do imposto é o proprietário do imóvel, o titular do seu domínio útil, ou o seu possuidor a qualquer título.

(*) Vide Súmulas 74, 539 e 583 do STF.
(*) Vide Súmulas 399 e 614 do STJ.

### Seção III
### Imposto sobre a Transmissão de Bens Imóveis e de Direitos a eles Relativos

(*) Vide arts. 5º, XXII e XXIII; e 170, II e III, da CF/1988.

**Art. 35.** O imposto, de competência dos Estados, sobre a transmissão de bens imóveis e de direitos a eles relativos tem como fato gerador:

I – a transmissão, a qualquer título, da propriedade ou do domínio útil de bens imóveis por natureza ou por acessão física, como definidos na lei civil;

II – a transmissão, a qualquer título, de direitos reais sobre imóveis, exceto os direitos reais de garantia;

III – a cessão de direitos relativos às transmissões referidas nos incisos I e II.

Parágrafo único. Nas transmissões *causa mortis*, ocorrem tantos fatos geradores distintos quantos sejam os herdeiros ou legatários.

(*) Vide Súmulas 110 a 115, 326, 328, 329, 331, 435, 470 e 590 do STF.

**Art. 36.** Ressalvado o disposto no artigo seguinte, o imposto não incide sobre a transmissão dos bens ou direitos referidos no artigo anterior:

I – quando efetuada para sua incorporação ao patrimônio de pessoa jurídica em pagamento de capital nela subscrito;

II – quando decorrente da incorporação ou da fusão de uma pessoa jurídica por outra ou com outra.

Parágrafo único. O imposto não incide sobre a transmissão aos mesmos alienantes, dos bens e direitos adquiridos na forma do inciso I deste artigo, em decorrência da sua desincorporação do patrimônio da pessoa jurídica a que foram conferidos.

(*) V. art. 116, parágrafo único, do CTN.

**Art. 37.** O disposto no artigo anterior não se aplica quando a pessoa jurídica adquirente tenha como atividade preponderante a venda ou locação de propriedade imobiliária ou a cessão de direitos relativos à sua aquisição.

(*) Vide Súmulas 108, 110, 111, 113, 326, 328, 329, 470 e 590 do STF.

§ 1º. Considera-se caracterizada a atividade preponderante referida neste artigo quando mais de 50% (cinquenta por cento) da receita operacional da pessoa jurídica adquirente, nos 2 (dois) anos anteriores e nos 2 (dois) anos subsequentes à aquisição, decorrer de transações mencionadas neste artigo.

§ 2º. Se a pessoa jurídica adquirente iniciar suas atividades após a aquisição, ou menos de 2 (dois) anos antes dela, apurar-se-á a preponderância referida no parágrafo anterior levando em conta os 3 (três) primeiros anos seguintes à data da aquisição.

§ 3º. Verificada a preponderância referida neste artigo, tornar-se-á devido o imposto, nos termos da lei vigente à data da aquisição, sobre o valor do bem ou direito nessa data.

§ 4º. O disposto neste artigo não se aplica à transmissão de bens ou direitos, quando realizada em conjunto com a da totalidade do patrimônio da pessoa jurídica alienante.

**Art. 38.** A base de cálculo do imposto é o valor venal dos bens ou direitos transmitidos.

(\*) V. art. 130, parágrafo único, do CTN.

(\*) Vide Súmulas 112 a 115 do STF.

**Art. 39.** A alíquota do imposto não excederá os limites fixados em resolução do Senado Federal, que distinguirá, para efeito de aplicação de alíquota mais baixa, as transmissões que atendam à política nacional de habitação.

(\*) V. art. 97, II e IV, do CTN.

(\*) Vide art. 8º do Ato Complementar nº 27/1966, que dispõe: "*Art. 8º. Até que sejam fixadas pelo Senado Federal os limites a que se refere o artigo 39 da Lei nº 5.172, de 25 de outubro de 1966, ficam estabelecidas, para a cobrança do imposto a que se refere o artigo 35 da mesma Lei, as seguintes alíquotas máximas: I – Transmissões compreendidas no sistema financeiro da habitação a que se refere a Lei nº 4.380, de 21 de agosto de 1964 e legislação complementar 0,5%; II – Demais transmissões a título oneroso 1,0%; III – Quaisquer outras transmissões 2,0%.*".

**Art. 40.** O montante do imposto é dedutível do devido à União, a título do imposto de que trata o art. 43, sobre o provento decorrente da mesma transmissão.

**Art. 41.** O imposto compete ao Estado da situação do imóvel transmitido, ou sobre que versarem os direitos cedidos, mesmo que a mutação patrimonial decorra de sucessão aberta no estrangeiro.

**Art. 42.** Contribuinte do imposto é qualquer das partes na operação tributada, como dispuser a lei.

(\*) Vide Súmula 108 do STF.

### Seção IV
### Imposto sobre a Renda e Proventos de Qualquer Natureza

(\*) Vide Decreto nº 9.580/2018, que regulamenta a tributação, a fiscalização, a arrecadação e a administração do Imposto sobre a Renda e Proventos de Qualquer Natureza.

**Art. 43.** O imposto, de competência da União, sobre a renda e proventos de qualquer natureza tem como fato gerador a aquisição da disponibilidade econômica ou jurídica:

(\*) V. arts. 40; 45; 83; e 85, II, do CTN.

(\*) Vide Súmulas 215, 386 e 498 do STJ.

I – de renda, assim entendido o produto do capital, do trabalho ou da combinação de ambos;

(\*) Vide Súmulas 125, 136, 447 e 463 do STJ.

II – de proventos de qualquer natureza, assim entendidos os acréscimos patrimoniais não compreendidos no inciso anterior.

(\*) Vide Súmula 587 do STF.

(\*) Vide Súmulas 125 e 136 do STJ.

§ 1º. A incidência do imposto independe da denominação da receita ou do rendimento, da localização, condição jurídica ou nacionalidade da fonte, da origem e da forma de percepção.

(\*) § 1º acrescido pela Lei Complementar nº 104/2001.

§ 2º. Na hipótese de receita ou de rendimento oriundos do exterior, a lei estabelecerá as condições e o momento em que se dará sua disponibilidade, para fins de incidência do imposto referido neste artigo.

(*) § 2º acrescido pela Lei Complementar nº 104/2001.

**Art. 44.** A base de cálculo do imposto é o montante, real, arbitrado ou presumido, da renda ou dos proventos tributáveis.

(*) Vide Súmula 584 do STF.

**Art. 45.** Contribuinte do imposto é o titular da disponibilidade a que se refere o art. 43, sem prejuízo de atribuir a lei essa condição ao possuidor, a qualquer título, dos bens produtores de renda ou dos proventos tributáveis.

Parágrafo único. A lei pode atribuir à fonte pagadora da renda ou dos proventos tributáveis a condição de responsável pelo imposto cuja retenção e recolhimento lhe caibam.

(*) Vide Súmula 94 do STF.

## Capítulo IV
## IMPOSTOS SOBRE A PRODUÇÃO E A CIRCULAÇÃO

### Seção I
### Imposto sobre Produtos Industrializados

(*) Vide Decreto nº 7.212/2010, que regulamenta a cobrança, fiscalização, arrecadação e administração do Imposto sobre Produtos Industrializados – IPI.

**Art. 46.** O imposto, de competência da União, sobre produtos industrializados tem como fato gerador:

I – o seu desembaraço aduaneiro, quando de procedência estrangeira;

(*) V. art. 47, I, do CTN.

II – a sua saída dos estabelecimentos a que se refere o parágrafo único do art. 51;

(*) V. art. 47, II, do CTN.

III – a sua arrematação, quando apreendido ou abandonado e levado a leilão.

(*) V. art. 47, III, do CTN.

Parágrafo único. Para os efeitos deste imposto, considera-se industrializado o produto que tenha sido submetido a qualquer operação que lhe modifique a natureza ou a finalidade, ou o aperfeiçoe para o consumo.

(*) V. arts. 74, I; e 83 do CTN.
(*) Vide Súmula 536 do STF.

**Art. 47.** A base de cálculo do imposto é:

I – no caso do inciso I do artigo anterior, o preço normal, como definido no inciso II do art. 20, acrescido do montante:

a) do imposto sobre a importação;

b) das taxas exigidas para entrada do produto no País;

c) dos encargos cambiais efetivamente pagos pelo importador ou dele exigíveis;

II – no caso do inciso II do artigo anterior:

a) o valor da operação de que decorrer a saída da mercadoria;

b) na falta do valor a que se refere a alínea anterior, o preço corrente da mercadoria, ou sua similar, no mercado atacadista da praça do remetente;

III – no caso do inciso III do artigo anterior, o preço da arrematação.

**Art. 48.** O imposto é seletivo em função da essencialidade dos produtos.

**Art. 49.** O imposto é não cumulativo, dispondo a lei de forma que o montante devido resulte da diferença a maior, em determinado período, entre o imposto referente aos produtos saídos do estabelecimento e o pago relativamente aos produtos nele entrados.

(*) Vide Súmulas Vinculantes 57 e 58 do STF.
(*) Vide Súmulas 494 e 495 do STJ.

Parágrafo único. O saldo verificado, em determinado período, em favor do contribuinte transfere-se para o período ou períodos seguintes.

**Art. 50.** Os produtos sujeitos ao imposto, quando remetidos de um para outro Estado, ou do ou para o Distrito Federal, serão acompanhados de nota fiscal de modelo especial, emitida em séries próprias e contendo, além dos elementos necessários ao controle fiscal, os dados indispensáveis à elaboração da estatística do comércio por cabotagem e demais vias internas.

(*) V. art. 195 do CTN.

**Art. 51.** Contribuinte do imposto é:

I – o importador ou quem a lei a ele equiparar;

II – o industrial ou quem a lei a ele equiparar;

III – o comerciante de produtos sujeitos ao imposto, que os forneça aos contribuintes definidos no inciso anterior;

IV – o arrematante de produtos apreendidos ou abandonados, levados a leilão.

Parágrafo único. Para os efeitos deste imposto, considera-se contribuinte autônomo qualquer estabelecimento de importador, industrial, comerciante ou arrematante.

(*) V. art 46, II, do CTN.

## Seção II
### Imposto Estadual sobre Operações Relativas à Circulação de Mercadorias

(*) Vide Lei Complementar nº 87/1996, que dispõe sobre o imposto dos Estados e do Distrito Federal sobre operações relativas à circulação de mercadorias e sobre prestações de serviços de transporte interestadual e intermunicipal e de comunicação (Lei Kandir).

(*) Vide Resolução nº 22/1989 do Senado Federal, que estabeleceu as alíquotas do Imposto sobre Operações Relativas a Circulação de Mercadorias e sobre Prestação de Serviços de Transporte Interestadual e Intermunicipal e de Comunicação, nas operações e prestações interestaduais.

(*) Vide Súmulas 536, 569, 572 a 574, 576, 578 e 579 do STF.
(*) Vide Súmulas Vinculantes 32, 47 e 48 do STF.
(*) Vide Súmulas 95, 129, 334, 640 e 649 do STJ.

**Art. 52.** (Revogado).
(*) Art. 52 revogado pelo Decreto-Lei nº 406/1968.

**Art. 53.** (Revogado).
(*) Art. 53 revogado pelo Decreto-Lei nº 406/1968.

**Art. 54.** (Revogado).
(*) Art. 54 revogado pelo Decreto-Lei nº 406/1968.

**Art. 55.** (Revogado).
(*) Art. 55 revogado pelo Decreto-Lei nº 406/1968.

**Art. 56.** (Revogado).
(*) Art. 56 revogado pelo Decreto-Lei nº 406/1968.

**Art. 57.** (Revogado).
(*) Art. 57 revogado pelo Decreto-Lei nº 406/1968.

**Art. 58.** (Revogado).
(*) Art. 58 revogado pelo Decreto-Lei nº 406/1968.
(*) Os arts. 52 a 58 dispunham sobre normas gerais de direito financeiro aplicáveis aos impostos sobre operações relativas à circulação de mercadorias e sobre serviços de qualquer natureza.

## Seção III
### Imposto Municipal sobre Operações Relativas à Circulação de Mercadorias

**Art. 59.** (Revogado).
(*) Art. 59 revogado pelo Ato Complementar nº 31/1966.

**Art. 60.** (Revogado).
(*) Art. 60 revogado pelo Ato Complementar nº 31/1966.

**Art. 61.** (Revogado).
(*) Art. 61 revogado pelo Ato Complementar nº 31/1966.

**Art. 62.** (Revogado).
(*) Art. 62 revogado pelo Ato Complementar nº 31/1966♦.

♦ O Ato Complementar nº 31/1966 extinguiu o imposto municipal sobre operações relativas à circulação de mercadorias.

## Seção IV
### Imposto sobre Operações de Crédito, Câmbio e Seguro, e sobre Operações Relativas a Títulos e Valores Mobiliários

(*) Vide Decreto nº 6.306/2007, que regulamenta o Imposto sobre Operações de Crédito, Câmbio e Seguro, ou relativas a Títulos ou Valores Mobiliários – IOF.

(*) Vide Lei nº 13.254/2016, que dispõe sobre o Regime Especial de Regularização Cambial e Tributária (RERCT) de recursos, bens ou direitos de origem lícita, não declarados ou declarados incorretamente, remetidos, mantidos no exterior ou repatriados por residentes ou domiciliados no País.

**Art. 63.** O imposto, de competência da União, sobre operações de crédito, câmbio e seguro, e sobre operações relativas a títulos e valores mobiliários tem como fato gerador:

I – quanto às operações de crédito, a sua efetivação pela entrega total ou parcial do montante ou do valor que constitua o objeto da obrigação, ou sua colocação à disposição do interessado;

(*) Vide Súmula 664 do STF.
(*) Vide Súmula 185 do STJ.

II – quanto às operações de câmbio, a sua efetivação pela entrega de moeda nacional ou estrangeira, ou de documento que a represente, ou sua colocação à disposição do interessado em montante equivalente à moeda estrangeira ou nacional entregue ou posta à disposição por este;

III – quanto às operações de seguro, a sua efetivação pela emissão da apólice ou do documento equivalente, ou recebimento do prêmio, na forma da lei aplicável;

IV – quanto às operações relativas a títulos e valores mobiliários, a emissão, transmissão, pagamento ou resgate destes, na forma da lei aplicável.

Parágrafo único. A incidência definida no inciso I exclui a definida no inciso IV, e reciprocamente, quanto à emissão, ao pagamento ou resgate do título representativo de uma mesma operação de crédito.

(*) Vide Súmula 588 do STF.

**Art. 64.** A base de cálculo do imposto é:

I – quanto às operações de crédito, o montante da obrigação, compreendendo o principal e os juros;

II – quanto às operações de câmbio, o respectivo montante em moeda nacional, recebido, entregue ou posto à disposição;

III – quanto às operações de seguro, o montante do prêmio;

IV – quanto às operações relativas a títulos e valores mobiliários:

a) na emissão, o valor nominal mais o ágio, se houver;

b) na transmissão, o preço ou o valor nominal, ou o valor da cotação em Bolsa, como determinar a lei;

c) no pagamento ou resgate, o preço.

**Art. 65.** O Poder Executivo pode, nas condições e nos limites estabelecidos em lei, alterar as alíquotas ou as bases de cálculo do imposto, a fim de ajustá-lo aos objetivos da política monetária.

(*) V. arts. 9º, I; e 97, II e IV, do CTN.

**Art. 66.** Contribuinte do imposto é qualquer das partes na operação tributada, como dispuser a lei.

**Art. 67.** A receita líquida do imposto destina-se a formação de reservas monetárias, na forma da lei.

### Seção V
### Imposto sobre Serviços de Transportes e Comunicações

**Art. 68.** O imposto, de competência da União, sobre serviços de transportes e comunicações tem como fato gerador:

I – a prestação do serviço de transporte, por qualquer via, de pessoas, bens, mercadorias ou valores, salvo quando o trajeto se contenha inteiramente no território de um mesmo Município;

II – a prestação do serviço de comunicações, assim se entendendo a transmissão e o recebimento, por qualquer processo, de mensagens escritas, faladas ou visuais, salvo quando os pontos de transmissão e de recebimento se situem no território de um mesmo Município e a mensagem em curso não possa ser captada fora desse território.

(*) Vide Súmulas 334 e 350 do STJ.

**Art. 69.** A base de cálculo do imposto é o preço do serviço.

**Art. 70.** Contribuinte do imposto é o prestador do serviço.

### Seção VI
### Imposto sobre Serviços de Qualquer Natureza

(*) Vide Lei Complementar nº 116/2003, que dispõe sobre o Imposto sobre Serviços de Qualquer Natureza, de competência dos municípios e do Distrito Federal.

(*) Vide Súmula Vinculante 31 do STF.

**Art. 71.** (Revogado).
(*) Art. 71 revogado pelo Decreto-Lei nº 406/1968.

**Art. 72.** (Revogado).
(*) Art. 72 revogado pelo Decreto-Lei nº 406/1968.

**Art. 73.** (Revogado).
(*) Art. 73 revogado pelo Decreto-Lei nº 406/1968.

(*) Os arts. 71 a 73 dispunham sobre normas gerais de direito financeiro aplicáveis aos impostos sobre operações relativas à circulação de mercadorias e sobre serviços de qualquer natureza.

### Capítulo V
### IMPOSTOS ESPECIAIS

### Seção I
### Imposto sobre Operações Relativas a Combustíveis, Lubrificantes, Energia Elétrica e Minerais do País

**Art. 74.** O imposto, de competência da União, sobre operações relativas a combustíveis, lubrificantes, energia elétrica e minerais do País tem como fato gerador:

LIVRO PRIMEIRO – SISTEMA TRIBUTÁRIO NACIONAL

I – a produção, como definida no art. 46 e seu parágrafo único;

II – a importação, como definida no art. 19;

III – a circulação, como definida no art. 52*;

♦ O art. 52 foi revogado pelo Decreto-Lei nº 406/1968.

IV – a distribuição, assim entendida a colocação do produto no estabelecimento consumidor ou em local de venda ao público;

V – o consumo, assim entendida a venda do produto ao público.

§ 1º. Para os efeitos deste imposto a energia elétrica considera-se produto industrializado.

§ 2º. O imposto incide, uma só vez sobre uma das operações previstas em cada inciso deste artigo, como dispuser a lei, e exclui quaisquer outros tributos, sejam quais forem sua natureza ou competência, incidentes sobre aquelas operações.

(*) V. art. 217 do CTN.

**Art. 75.** A lei observará o disposto neste Título relativamente:

I – ao imposto sobre produtos industrializados, quando a incidência seja sobre a produção ou sobre o consumo;

(*) V. arts. 46 a 51 do CTN.

II – ao imposto sobre a importação, quando a incidência seja sobre essa operação;

(*) V. arts. 19 a 22 do CTN.

III – ao imposto sobre operações relativas à circulação de mercadorias, quando a incidência seja sobre a distribuição.

(*) Vide arts. 1º ao 7º do Decreto-Lei nº 406/1968, que estabelece normas gerais de direito financeiro, aplicáveis aos impostos sobre operações relativas à circulação de mercadorias.

## Seção II
### Impostos Extraordinários

**Art. 76.** Na iminência ou no caso de guerra externa, a União pode instituir, temporariamente, impostos extraordinários compreendidos ou não entre os referidos nesta Lei, suprimidos, gradativamente, no prazo máximo de 5 (cinco) anos, contados da celebração da paz.

(*) Vide art. 154, II, da CF/1988.

## TÍTULO IV
## TAXAS

(*) Vide art. 145, II, da CF/1988.

**Art. 77.** As taxas cobradas pela União, pelos Estados, pelo Distrito Federal ou pelos Municípios, no âmbito de suas respectivas atribuições, têm como fato gerador o exercício regular do poder de polícia, ou a utilização, efetiva ou potencial, de serviço público específico e divisível, prestado ao contribuinte ou posto à sua disposição.

Parágrafo único. A taxa não pode ter base de cálculo ou fato gerador idênticos aos que correspondam a imposto nem ser calculada em função do capital das empresas.

(*) Parágrafo único com redação dada pelo Ato Complementar nº 34/1967.

(*) V. arts. 79 e 217 do CTN.

(*) Vide Súmulas 126 a 134, 137, 140 a 142, 302, 324, 348, 437, 595, 665, 667 e 670 do STF.

(*) Vide Súmulas Vinculantes 19, 29 e 41 do STF.

(*) Vide Súmula 80 do STJ.

**Art. 78.** Considera-se poder de polícia atividade da administração pública que, limitando ou disciplinando direito, interesse ou liberdade, regula a prática de ato ou abstenção de fato, em razão de interesse público concernente à segurança, à higiene, à ordem, aos costumes, à disciplina da produção e do mercado, ao exercício de atividades econômicas dependentes de concessão ou autorização do Poder Público, à tranquilidade pública ou ao respeito à propriedade e aos direitos individuais ou coletivos.

(*) Art. 78, *caput*, com redação dada pelo Ato Complementar nº 31/1966.

(*) Vide arts. 5º, XXII e XXIII; e 170, II e III, da CF/1988.

Parágrafo único. Considera-se regular o exercício do poder de polícia quando desempenhado pelo órgão competente nos limites da lei aplicável, com observância do processo legal e, tratando-se de atividade que a lei tenha como discricionária, sem abuso ou desvio de poder.

**Art. 79.** Os serviços públicos a que se refere o art. 77 consideram-se:

I – utilizados pelo contribuinte:

a) efetivamente, quando por ele usufruídos a qualquer título;

b) potencialmente, quando, sendo de utilização compulsória, sejam postos à sua disposição mediante atividade administrativa em efetivo funcionamento;

(*) Vide Súmula 670 do STF.

II – específicos, quando possam ser destacados em unidades autônomas de intervenção, de utilidade, ou de necessidades públicas;

III – divisíveis, quando suscetíveis de utilização, separadamente, por parte de cada um dos seus usuários.

**Art. 80.** Para efeito de instituição e cobrança de taxas, consideram-se compreendidas no âmbito das atribuições da União, dos Estados, do Distrito Federal ou dos Municípios, aquelas que, segundo a Constituição Federal, as Constituições dos Estados, as Leis Orgânicas do Distrito Federal e dos Municípios e a legislação com elas compatível, competem a cada uma dessas pessoas de direito público.

## TÍTULO V
## CONTRIBUIÇÃO DE MELHORIA

(*) Vide art. 145, III, da CF/1988.

**Art. 81.** A contribuição de melhoria cobrada pela União, pelos Estados, pelo Distrito Federal ou pelos Municípios, no âmbito de suas respectivas atribuições, é instituída para fazer face ao custo de obras públicas de que decorra valorização imobiliária, tendo como limite total a despesa realizada e como limite individual o acréscimo de valor que da obra resultar para cada imóvel beneficiado.

**Art. 82.** A lei relativa à contribuição de melhoria observará os seguintes requisitos mínimos:

I – publicação prévia dos seguintes elementos:

a) memorial descritivo do projeto;

b) orçamento do custo da obra;

c) determinação da parcela do custo da obra a ser financiada pela contribuição;

d) delimitação da zona beneficiada;

e) determinação do fator de absorção do benefício da valorização para toda a zona ou para cada uma das áreas diferenciadas, nela contidas;

LIVRO PRIMEIRO – SISTEMA TRIBUTÁRIO NACIONAL  **ART. 85**

II – fixação de prazo não inferior a 30 (trinta) dias, para impugnação pelos interessados, de qualquer dos elementos referidos no inciso anterior;

III – regulamentação do processo administrativo de instrução e julgamento da impugnação a que se refere o inciso anterior, sem prejuízo da sua apreciação judicial.

§ 1º. A contribuição relativa a cada imóvel será determinada pelo rateio da parcela do custo da obra a que se refere a alínea "c", do inciso I, pelos imóveis situados na zona beneficiada em função dos respectivos fatores individuais de valorização.

§ 2º. Por ocasião do respectivo lançamento, cada contribuinte deverá ser notificado do montante da contribuição, da forma e dos prazos de seu pagamento e dos elementos que integram o respectivo cálculo.

(*) V. Seção I – Lançamento (arts. 142 a 146) do CTN.

# TÍTULO VI
## DISTRIBUIÇÕES DE RECEITAS TRIBUTÁRIAS

### Capítulo I
### DISPOSIÇÕES GERAIS

**Art. 83.** Sem prejuízo das demais disposições deste Título, os Estados e Municípios que celebrem com a União convênios destinados a assegurar ampla e eficiente coordenação dos respectivos programas de investimentos e serviços públicos, especialmente no campo da política tributária, poderão participar de até 10% (dez por cento) da arrecadação efetuada, nos respectivos territórios, proveniente do imposto referido no art. 43, incidente sobre o rendimento das pessoas físicas, e no art. 46, excluído o incidente sobre o fumo e bebidas alcoólicas.

Parágrafo único. O processo das distribuições previstas neste artigo será regulado nos convênios nele referidos.

**Art. 84.** A lei federal pode cometer aos Estados, ao Distrito Federal ou aos Municípios o encargo de arrecadar os impostos de competência da União cujo produto lhes seja distribuído no todo ou em parte.

(*) V. arts. 6º e 7º do CTN.

Parágrafo único. O disposto neste artigo, aplica-se à arrecadação dos impostos de competência dos Estados, cujo produto estes venham a distribuir, no todo ou em parte, aos respectivos Municípios.

### Capítulo II
### IMPOSTO SOBRE A PROPRIEDADE TERRITORIAL RURAL E SOBRE A RENDA E PROVENTOS DE QUALQUER NATUREZA

(*) Vide arts. 5º, XXII e XXIII; e 170, II e III, da CF/1988.

**Art. 85.** Serão distribuídos pela União:

I – aos Municípios da localização dos imóveis, o produto da arrecadação do imposto a que se refere o art. 29;

II – aos Estados, ao Distrito Federal e aos Municípios, o produto da arrecadação, na fonte, do imposto a que se refere o art. 43, incidente sobre a renda das obrigações de sua dívida pública e sobre os proventos dos seus servidores e dos de suas autarquias.

§ 1º. Independentemente de ordem das autoridades superiores e sob pena de demissão, as autoridades arrecadadoras dos impostos a que se refere este artigo farão entrega, aos Estados, ao Distrito Federal e aos Municípios, das importâncias recebidas, à medida que forem sendo arrecadadas, em prazo não superior a 30 (trinta) dias, a contar da data de cada recolhimento.

§ 2º. A lei poderá autorizar os Estados, o Distrito Federal e os Municípios a incorporar definitivamente à sua receita o produto da arrecadação do imposto a que se refere o inciso II, estipulando as obrigações acessórias a serem cumpridas por aqueles no interesse da arrecadação, pela União, do imposto a ela devido pelos titulares da renda ou dos proventos tributados.

§ 3º. (Execução suspensa).

(*) O § 3º teve suspensa a execução pela Resolução nº 337/1983 do Senado Federal. Texto original: *§ 3º. A lei poderá dispor que uma parcela, não superior a 20% (vinte por cento), do imposto de que trata o inciso I seja destinada ao custeio do respectivo serviço de lançamento e arrecadação.*

## Capítulo III
### FUNDOS DE PARTICIPAÇÃO DOS ESTADOS E DOS MUNICÍPIOS

### Seção I
### Constituição dos Fundos

**Art. 86.** (Revogado).

(*) Art. 86 revogado pela Lei Complementar nº 143/2013.

**Art. 87.** (Revogado).

(*) Art. 87 revogado pela Lei Complementar nº 143/2013.

### Seção II
### Critério de Distribuição do Fundo de Participação dos Estados

**Art. 88.** (Revogado).

(*) Art. 88 revogado pela Lei Complementar nº 143/2013.

**Art. 89.** (Revogado).

(*) Art. 89 revogado pela Lei Complementar nº 143/2013.

**Art. 90.** O fator representativo do inverso da renda *per capita*, a que se refere o inciso II do art. 88♦, será estabelecido da seguinte forma:

♦ O art. 88 foi revogado pela Lei Complementar nº 143/2013.

| Inverso do índice relativo à renda *per capita* da entidade participante: | Fator |
|---|---|
| Até 0,0045 | 0,4 |
| Acima de 0,0045 até 0,0055 | 0,5 |
| Acima de 0,0055 até 0,0065 | 0,6 |
| Acima de 0,0065 até 0,0075 | 0,7 |
| Acima de 0,0075 até 0,0085 | 0,8 |
| Acima de 0,0085 até 0,0095 | 0,9 |
| Acima de 0,0095 até 0,0110 | 1,0 |
| Acima de 0,0110 até 0,0130 | 1,2 |

| | |
|---|---|
| Acima de 0,0130 até 0,0150 | 1,4 |
| Acima de 0,0150 até 0,0170 | 1,6 |
| Acima de 0,0170 até 0,0190 | 1,8 |
| Acima de 0,0190 até 0,0220 | 2,0 |
| Acima de 0,220 | 2,5 |

Parágrafo único. Para os efeitos deste artigo, determina-se o índice relativo à renda *per capita* de cada entidade participante, tomando-se como 100 (cem) a renda *per capita* média do País.

### Seção III
### Critério de Distribuição do Fundo de Participação dos Municípios

**Art. 91.** Do Fundo de Participação dos Municípios a que se refere o art. 86♦, serão atribuídos:

♦ O art. 86 foi revogado pela Lei Complementar nº 143/2013.

I – 10% (dez por cento) aos Municípios das Capitais dos Estados;

II – 90% (noventa por cento) aos demais Municípios do País.

(*) Art. 91, *caput*, com redação dada pelo Ato Complementar nº 35/1967.

§ 1º. A parcela de que trata o inciso I será distribuída proporcionalmente a um coeficiente individual de participação, resultante do produto dos seguintes fatores:

(*) § 1º, *caput*, com redação dada pelo Ato Complementar nº 35/1967.

a) fator representativo da população, assim estabelecido:

| Percentual da População de cada Município em relação à do conjunto das Capitais: | Fator |
|---|---|
| Até 2% | 2 |
| Mais de 2% até 5%: | |
| Pelos primeiros 2% | 2 |
| Cada 0,5%, ou fração excedente, mais | 0,5 |
| Mais de 5% | 5 |

(*) Alínea "a" acrescida pelo Ato Complementar nº 35/1967.

b) Fator representativo do inverso da renda *per capita* do respectivo Estado, de conformidade com o disposto no art. 90.

(*) Alínea "b" acrescida pelo Ato Complementar nº 35/1967.

§ 2º. A distribuição da parcela a que se refere o item II deste artigo, deduzido o percentual referido no art. 3º do Decreto-Lei que estabelece a redação deste parágrafo, far-se-á atribuindo-se a cada Município um coeficiente individual de participação determinado na forma seguinte:

| Categoria do Município, segundo seu número de habitantes | Coeficiente |
|---|---|
| a) Até 16.980 | |
| Pelos primeiros 10.188 | 0,6 |
| Para cada 3.396, ou fração excedente, mais | 0,2 |
| b) Acima de 16.980 até 50.940 | |
| Pelos primeiros 16.980 | 1,0 |
| Para cada 6.792, ou fração excedente, mais | 0,2 |

| c) Acima de 50.940 até 101.880 | |
|---|---|
| Pelos primeiros 50.940 | 2,0 |
| Para cada 10.188, ou fração excedente, mais | 0,2 |
| d) Acima de 101.880 até 156.216 | |
| Pelos primeiros 101.880 | 3,0 |
| Para cada 13.584, ou fração excedente, mais | 0,2 |
| e) Acima de 156.216 | 4,0 |

(*) § 2º com redação dada pelo Decreto-Lei nº 1.881/1981.

(*) Vide Lei Complementar nº 91/1997, em especial o caput do art. 4º, que dispõe: "*Art. 4º. Aos Municípios das Capitais dos Estados, inclusive a Capital Federal, será atribuído coeficiente individual de participação conforme estabelecido no § 1º do art. 91 da Lei nº 5.172, de 25 de outubro de 1966. [...]*".

§ 3º. Para os efeitos deste artigo, consideram-se os municípios regularmente instalados, fazendo-se a revisão das quotas anualmente, a partir de 1989, com base em dados oficiais de população produzidos pela Fundação Instituto Brasileiro de Geografia e Estatística – IBGE.

(*) § 3º com redação dada pela Lei Complementar nº 59/1988.

§ 4º. (Revogado).

(*) § 4º revogado pela Lei Complementar nº 91/1997.

§ 5º. (Revogado).

(*) § 5º revogado pela Lei Complementar nº 91/1997.

### Seção IV
### Cálculo e Pagamento das Quotas Estaduais e Municipais

**Art. 92.** O Tribunal de Contas da União comunicará ao Banco do Brasil S.A., conforme os prazos a seguir especificados, os coeficientes individuais de participação nos fundos previstos no art. 159, inciso I, alíneas "a", "b" e "d", da Constituição Federal que prevalecerão no exercício subsequente:

(*) Art. 92, caput, com redação dada pela Lei Complementar nº 143/2013.

I – até o último dia útil do mês de março de cada exercício financeiro, para cada Estado e para o Distrito Federal;

(*) Inciso I acrescido pela Lei Complementar nº 143/2013.

II – até o último dia útil de cada exercício financeiro, para cada Município.

(*) Inciso II acrescido pela Lei Complementar nº 143/2013.

Parágrafo único. Far-se-á nova comunicação sempre que houver, transcorrido o prazo fixado no inciso I do caput, a criação de novo Estado a ser implantado no exercício subsequente.

(*) Parágrafo único acrescido pela Lei Complementar nº 143/2013.

**Art. 93.** (Revogado).

(*) Art. 93 revogado pela Lei Complementar nº 143/2013.

### Seção V
### Comprovação da Aplicação das Quotas Estaduais e Municipais

**Art. 94.** (Revogado).

(*) Art. 94 revogado pela Lei Complementar nº 143/2013.

### Capítulo IV
### IMPOSTO SOBRE OPERAÇÕES RELATIVAS A COMBUSTÍVEIS, LUBRIFICANTES, ENERGIA ELÉTRICA E MINERAIS DO PAÍS

**Art. 95.** (Revogado).

(*) Art. 95, caput, revogado pela Lei Complementar nº 143/2013.

Parágrafo único. (Revogado).

(*) Parágrafo único revogado pelo Ato Complementar nº 35/1967.

# LIVRO SEGUNDO
# NORMAS GERAIS DE DIREITO TRIBUTÁRIO

## TÍTULO I
## LEGISLAÇÃO TRIBUTÁRIA

### Capítulo I
### DISPOSIÇÕES GERAIS

#### Seção I
#### Disposição Preliminar

**Art. 96.** A expressão "legislação tributária" compreende as leis, os tratados e as convenções internacionais, os decretos e as normas complementares que versem, no todo ou em parte, sobre tributos e relações jurídicas a eles pertinentes.

#### Seção II
#### Leis, Tratados e Convenções Internacionais e Decretos

**Art. 97.** Somente a lei pode estabelecer:

I – a instituição de tributos, ou a sua extinção;

II – a majoração de tributos, ou sua redução, ressalvado o disposto nos arts. 21, 26, 39, 57♦ e 65;

♦ O art. 57 foi revogado pelo Decreto-Lei nº 406/1968.

III – a definição do fato gerador da obrigação tributária principal, ressalvado o disposto no inciso I do § 3º do art. 52♦, e do seu sujeito passivo;

♦ O art. 52 foi revogado pelo Decreto-Lei nº 406/1968.

(*) V. § 2º deste artigo.

IV – a fixação de alíquota do tributo e da sua base de cálculo, ressalvado o disposto nos arts. 21, 26, 39, 57♦ e 65;

♦ O art. 57 foi revogado pelo Decreto-Lei nº 406/1968.

V – a cominação de penalidades para as ações ou omissões contrárias a seus dispositivos, ou para outras infrações nela definidas;

VI – as hipóteses de exclusão, suspensão e extinção de créditos tributários, ou de dispensa ou redução de penalidades.

§ 1º. Equipara-se à majoração do tributo a modificação da sua base de cálculo, que importe em torná-lo mais oneroso.

§ 2º. Não constitui majoração de tributo, para os fins do disposto no inciso II deste artigo, a atualização do valor monetário da respectiva base de cálculo.

**Art. 98.** Os tratados e as convenções internacionais revogam ou modificam a legislação tributária interna, e serão observados pela que lhes sobrevenha.

(*) V. art. 2º do CTN.
(*) Vide Súmulas 20 e 71 do STJ.

**Art. 99.** O conteúdo e o alcance dos decretos restringem-se aos das leis em função das quais sejam expedidos, determinados com observância das regras de interpretação estabelecidas nesta Lei.

#### Seção III
#### Normas Complementares

**Art. 100.** São normas complementares das leis, dos tratados e das convenções internacionais e dos decretos:

I – os atos normativos expedidos pelas autoridades administrativas;

(*) V. art. 103, I, do CTN.

II – as decisões dos órgãos singulares ou coletivos de jurisdição administrativa, a que a lei atribua eficácia normativa;

(*) V. art. 103, II, do CTN.

III – as práticas reiteradamente observadas pelas autoridades administrativas;

(*) V. art. 108 do CTN.

IV – os convênios que entre si celebrem a União, os Estados, o Distrito Federal e os Municípios.

(*) V. art. 103, III, do CTN.

Parágrafo único. A observância das normas referidas neste artigo exclui a imposição de penalidades, a cobrança de juros de mora e a atualização do valor monetário da base de cálculo do tributo.

## Capítulo II
### VIGÊNCIA DA LEGISLAÇÃO TRIBUTÁRIA

**Art. 101.** A vigência, no espaço e no tempo, da legislação tributária rege-se pelas disposições legais aplicáveis às normas jurídicas em geral, ressalvado o previsto neste Capítulo.

**Art. 102.** A legislação tributária dos Estados, do Distrito Federal e dos Municípios vigora, no País, fora dos respectivos territórios, nos limites em que lhe reconheçam extraterritorialidade os convênios de que participem, ou do que disponham esta ou outras leis de normas gerais expedidas pela União.

**Art. 103.** Salvo disposição em contrário, entram em vigor:

I – os atos administrativos a que se refere o inciso I do art. 100, na data da sua publicação;

II – as decisões a que se refere o inciso II do art. 100, quanto a seus efeitos normativos, 30 (trinta) dias após a data da sua publicação;

III – os convênios a que se refere o inciso IV do art. 100, na data neles prevista.

**Art. 104.** Entram em vigor no primeiro dia do exercício seguinte àquele em que ocorra a sua publicação os dispositivos de lei, referentes a impostos sobre o patrimônio ou a renda:

I – que instituem ou majoram tais impostos;

II – que definem novas hipóteses de incidência;

III – que extinguem ou reduzem isenções, salvo se a lei dispuser de maneira mais favorável ao contribuinte, e observado o disposto no art. 178.

(*) Vide Súmula 669 do STF.

## Capítulo III
### APLICAÇÃO DA LEGISLAÇÃO TRIBUTÁRIA

**Art. 105.** A legislação tributária aplica-se imediatamente aos fatos geradores futuros e aos pendentes, assim entendidos aqueles cuja ocorrência tenha tido início mas não esteja completa nos termos do art. 116.

**Art. 106.** A lei aplica-se a ato ou fato pretérito:

I – em qualquer caso, quando seja expressamente interpretativa, excluída a aplicação de penalidade à infração dos dispositivos interpretados;

II – tratando-se de ato não definitivamente julgado:

a) quando deixe de defini-lo como infração;

b) quando deixe de tratá-lo como contrário a qualquer exigência de ação ou omissão, desde que não tenha sido fraudulento e não tenha implicado em falta de pagamento de tributo;

c) quando lhe comine penalidade menos severa que a prevista na lei vigente ao tempo da sua prática.

**Capítulo IV**
**INTERPRETAÇÃO E INTEGRAÇÃO DA LEGISLAÇÃO TRIBUTÁRIA**

**Art. 107.** A legislação tributária será interpretada conforme o disposto neste Capítulo.

**Art. 108.** Na ausência de disposição expressa, a autoridade competente para aplicar a legislação tributária utilizará sucessivamente, na ordem indicada:

I – a analogia;

II – os princípios gerais de direito tributário;

III – os princípios gerais de direito público;

IV – a equidade.

§ 1º. O emprego da analogia não poderá resultar na exigência de tributo não previsto em lei.

(\*) V. art. 97, I, do CTN.

§ 2º. O emprego da equidade não poderá resultar na dispensa do pagamento de tributo devido.

**Art. 109.** Os princípios gerais de direito privado utilizam-se para pesquisa da definição, do conteúdo e do alcance de seus institutos, conceitos e formas, mas não para definição dos respectivos efeitos tributários.

**Art. 110.** A lei tributária não pode alterar a definição, o conteúdo e o alcance de institutos, conceitos e formas de direito privado, utilizados, expressa ou implicitamente, pela Constituição Federal, pelas Constituições dos Estados, ou pelas Leis Orgânicas do Distrito Federal ou dos Municípios, para definir ou limitar competências tributárias.

**Art. 111.** Interpreta-se literalmente a legislação tributária que disponha sobre:

I – suspensão ou exclusão do crédito tributário;

(\*) V. arts. 151 a 155-A do CTN (suspensão).

(\*) V. arts. 175 a 182 do CTN.

II – outorga de isenção;

(\*) V. arts. 176 a 179 do CTN.

(\*) Vide art. 6º, caput e inciso XIV, da Lei nº 7.713/1988.

(\*) Vide art. 25, II, "b", do Decreto nº 9.580/2018.

III – dispensa do cumprimento de obrigações tributárias acessórias.

(\*) Vide Súmula 627 do STJ.

**Art. 112.** A lei tributária que define infrações, ou lhe comina penalidades, interpreta-se da maneira mais favorável ao acusado, em caso de dúvida quanto:

I – à capitulação legal do fato;

II – à natureza ou às circunstâncias materiais do fato, ou à natureza ou extensão dos seus efeitos;

III – à autoria, imputabilidade, ou punibilidade;

IV – à natureza da penalidade aplicável, ou à sua graduação.

# TÍTULO II
# OBRIGAÇÃO TRIBUTÁRIA

## Capítulo I
## DISPOSIÇÕES GERAIS

**Art. 113.** A obrigação tributária é principal ou acessória.

§ 1º. A obrigação principal surge com a ocorrência do fato gerador, tem por objeto o pagamento de tributo ou penalidade pecuniária e extingue-se juntamente com o crédito dela decorrente.

(*) V. art. 114 do CTN.

§ 2º. A obrigação acessória decorre da legislação tributária e tem por objeto as prestações, positivas ou negativas, nela previstas no interesse da arrecadação ou da fiscalização dos tributos.

(*) V. art. 115 do CTN.

§ 3º. A obrigação acessória, pelo simples fato da sua inobservância, converte-se em obrigação principal relativamente à penalidade pecuniária.

## Capítulo II
## FATO GERADOR

**Art. 114.** Fato gerador da obrigação principal é a situação definida em lei como necessária e suficiente à sua ocorrência.

(*) V. art. 113, § 1º, do CTN.

**Art. 115.** Fato gerador da obrigação acessória é qualquer situação que, na forma da legislação aplicável, impõe a prática ou a abstenção de ato que não configure obrigação principal.

(*) V. art. 113, § 2º, do CTN.

**Art. 116.** Salvo disposição de lei em contrário, considera-se ocorrido o fato gerador e existentes os seus efeitos:

I – tratando-se de situação de fato, desde o momento em que se verifiquem as circunstâncias materiais necessárias a que produza os efeitos que normalmente lhe são próprios;

II – tratando-se de situação jurídica, desde o momento em que esteja definitivamente constituída, nos termos de direito aplicável.

Parágrafo único. A autoridade administrativa poderá desconsiderar atos ou negócios jurídicos praticados com a finalidade de dissimular a ocorrência do fato gerador do tributo ou a natureza dos elementos constitutivos da obrigação tributária, observados os procedimentos a serem estabelecidos em lei ordinária.

(*) Parágrafo único acrescido pela Lei Complementar nº 104/2001.

**Art. 117.** Para os efeitos do inciso II do artigo anterior e salvo disposição de lei em contrário, os atos ou negócios jurídicos condicionais reputam-se perfeitos e acabados:

I – sendo suspensiva a condição, desde o momento de seu implemento;

II – sendo resolutória a condição, desde o momento da prática do ato ou da celebração do negócio.

**Art. 118.** A definição legal do fato gerador é interpretada abstraindo-se:

I – da validade jurídica dos atos efetivamente praticados pelos contribuintes, responsáveis, ou terceiros, bem como da natureza do seu objeto ou dos seus efeitos;

II – dos efeitos dos fatos efetivamente ocorridos.

## Capítulo III
### SUJEITO ATIVO

**Art. 119.** Sujeito ativo da obrigação é a pessoa jurídica de direito público, titular da competência para exigir o seu cumprimento.

**Art. 120.** Salvo disposição de lei em contrário, a pessoa jurídica de direito público, que se constituir pelo desmembramento territorial de outra, sub-roga-se nos direitos desta, cuja legislação tributária aplicará até que entre em vigor a sua própria.

## Capítulo IV
### SUJEITO PASSIVO

### Seção I
### Disposições Gerais

**Art. 121.** Sujeito passivo da obrigação principal é a pessoa obrigada ao pagamento de tributo ou penalidade pecuniária.

Parágrafo único. O sujeito passivo da obrigação principal diz-se:

I – contribuinte, quando tenha relação pessoal e direta com a situação que constitua o respectivo fato gerador;

II – responsável, quando, sem revestir a condição de contribuinte, sua obrigação decorra de disposição expressa de lei.

(*) V. art. 128 do CTN.

**Art. 122.** Sujeito passivo da obrigação acessória é a pessoa obrigada às prestações que constituam o seu objeto.

**Art. 123.** Salvo disposições de lei em contrário, as convenções particulares, relativas à responsabilidade pelo pagamento de tributos, não podem ser opostas à Fazenda Pública, para modificar a definição legal do sujeito passivo das obrigações tributárias correspondentes.

(*) Vide Súmula 614 do STJ.

### Seção II
### Solidariedade

**Art. 124.** São solidariamente obrigadas:

I – as pessoas que tenham interesse comum na situação que constitua o fato gerador da obrigação principal;

II – as pessoas expressamente designadas por lei.

Parágrafo único. A solidariedade referida neste artigo não comporta benefício de ordem.

**Art. 125.** Salvo disposição de lei em contrário, são os seguintes os efeitos da solidariedade:

I – o pagamento efetuado por um dos obrigados aproveita aos demais;

II – a isenção ou remissão de crédito exonera todos os obrigados, salvo se outorgada pessoalmente a um deles, subsistindo, nesse caso, a solidariedade quanto aos demais pelo saldo;

III – a interrupção da prescrição, em favor ou contra um dos obrigados, favorece ou prejudica aos demais.

### Seção III
### Capacidade Tributária

**Art. 126.** A capacidade tributária passiva independe:

I – da capacidade civil das pessoas naturais;

II – de achar-se a pessoa natural sujeita a medidas que importem privação ou limitação do exercício de atividades civis, comerciais ou profissionais, ou da administração direta de seus bens ou negócios;

III – de estar a pessoa jurídica regularmente constituída, bastando que configure uma unidade econômica ou profissional.

### Seção IV
### Domicílio Tributário

**Art. 127.** Na falta de eleição, pelo contribuinte ou responsável, de domicílio tributário, na forma da legislação aplicável, considera-se como tal:

I – quanto às pessoas naturais, a sua residência habitual, ou, sendo esta incerta ou desconhecida, o centro habitual de sua atividade;

II – quanto às pessoas jurídicas de direito privado ou às firmas individuais, o lugar da sua sede, ou, em relação aos atos ou fatos que derem origem à obrigação, o de cada estabelecimento;

III – quanto às pessoas jurídicas de direito público, qualquer de suas repartições no território da entidade tributante.

§ 1º. Quando não couber a aplicação das regras fixadas em qualquer dos incisos deste artigo, considerar-se-á como domicílio tributário do contribuinte ou responsável o lugar da situação dos bens ou da ocorrência dos atos ou fatos que deram origem à obrigação.

§ 2º. A autoridade administrativa pode recusar o domicílio eleito, quando impossibilite ou dificulte a arrecadação ou a fiscalização do tributo, aplicando-se então a regra do parágrafo anterior.

### Capítulo V
### RESPONSABILIDADE TRIBUTÁRIA

### Seção I
### Disposição Geral

**Art. 128.** Sem prejuízo do disposto neste capítulo, a lei pode atribuir de modo expresso a responsabilidade pelo crédito tributário a terceira pessoa, vinculada ao fato gerador da respectiva obrigação, excluindo a responsabilidade do contribuinte ou atribuindo-a a este em caráter supletivo do cumprimento total ou parcial da referida obrigação.

### Seção II
### Responsabilidade dos Sucessores

**Art. 129.** O disposto nesta Seção aplica-se por igual aos créditos tributários definitivamente constituídos ou em curso de constituição à data dos atos nela referidos, e aos constituídos posteriormente aos mesmos atos, desde que relativos a obrigações tributárias surgidas até a referida data.

(*) Vide Súmula 554 do STJ.

**Art. 130.** Os créditos tributários relativos a impostos cujo fato gerador seja a propriedade, o domínio útil ou a posse de bens imóveis, e bem assim os relativos a taxas pela prestação de serviços referentes a tais bens, ou a contribuições de melhoria, sub-rogam-se na pessoa dos respectivos adquirentes, salvo quando conste do título a prova de sua quitação.

(*) Vide arts. 5º, XXII e XXIII; e 170, II e III, da CF/1988.

Parágrafo único. No caso de arrematação em hasta pública, a sub-rogação ocorre sobre o respectivo preço.

**Art. 131.** São pessoalmente responsáveis:

I – o adquirente ou remitente, pelos tributos relativos aos bens adquiridos ou remidos;

(*) Inciso I com redação dada pelo Decreto-Lei nº 28/1966.

II – o sucessor a qualquer título e o cônjuge meeiro, pelos tributos devidos pelo *de cujus* até a data da partilha ou adjudicação, limitada esta responsabilidade ao montante do quinhão do legado ou da meação;

III – o espólio, pelos tributos devidos pelo *de cujus* até a data da abertura da sucessão.

**Art. 132.** A pessoa jurídica de direito privado que resultar de fusão, transformação ou incorporação de outra ou em outra é responsável pelos tributos devidos até à data do ato pelas pessoas jurídicas de direito privado fusionadas, transformadas ou incorporadas.

Parágrafo único. O disposto neste artigo aplica-se aos casos de extinção de pessoas jurídicas de direito privado, quando a exploração da respectiva atividade seja continuada por qualquer sócio remanescente, ou seu espólio, sob a mesma ou outra razão social, ou sob firma individual.

(*) Vide Súmula 554 do STJ.

**Art. 133.** A pessoa natural ou jurídica de direito privado que adquirir de outra, por qualquer título, fundo de comércio ou estabelecimento comercial, industrial ou profissional, e continuar a respectiva exploração, sob a mesma ou outra razão social ou sob firma ou nome individual, responde pelos tributos, relativos ao fundo ou estabelecimento adquirido, devidos até à data do ato:

(*) V. art. 123 do CTN.
(*) Vide Súmula 554 do STJ.

I – integralmente, se o alienante cessar a exploração do comércio, indústria ou atividade;

II – subsidiariamente com o alienante, se este prosseguir na exploração ou iniciar dentro de 6 (seis) meses a contar da data da alienação, nova atividade no mesmo ou em outro ramo de comércio, indústria ou profissão.

§ 1º. O disposto no *caput* deste artigo não se aplica na hipótese de alienação judicial:

I – em processo de falência;

II – de filial ou unidade produtiva isolada, em processo de recuperação judicial.

(*) § 1º acrescido pela Lei Complementar nº 118/2005.

§ 2º. Não se aplica o disposto no § 1º deste artigo quando o adquirente for:

I – sócio da sociedade falida ou em recuperação judicial, ou sociedade controlada pelo devedor falido ou em recuperação judicial;

II – parente, em linha reta ou colateral até o 4º (quarto) grau, consanguíneo ou afim, do devedor falido ou em recuperação judicial ou de qualquer de seus sócios; ou

III – identificado como agente do falido ou do devedor em recuperação judicial com o objetivo de fraudar a sucessão tributária.

(*) § 2º acrescido pela Lei Complementar nº 118/2005.

§ 3º. Em processo da falência, o produto da alienação judicial de empresa, filial ou unidade produtiva isolada permanecerá em conta de depósito à disposição do juízo de falência pelo prazo de 1 (um) ano, contado da data de alienação, somente podendo ser utilizado para o pagamento de créditos extraconcursais ou de créditos que preferem ao tributário.

(*) § 3º acrescido pela Lei Complementar nº 118/2005.

## Seção III
### Responsabilidade de Terceiros

**Art. 134.** Nos casos de impossibilidade de exigência do cumprimento da obrigação principal pelo contribuinte, respondem solidariamente com este nos atos em que intervierem ou pelas omissões de que forem responsáveis:

(*) V. art. 137, III, "a", do CTN.

I – os pais, pelos tributos devidos por seus filhos menores;

II – os tutores e curadores, pelos tributos devidos por seus tutelados ou curatelados;

III – os administradores de bens de terceiros, pelos tributos devidos por estes;

IV – o inventariante, pelos tributos devidos pelo espólio;

V – o síndico e o comissário, pelos tributos devidos pela massa falida ou pelo concordatário;

VI – os tabeliães, escrivães e demais serventuários de ofício, pelos tributos devidos sobre os atos praticados por eles, ou perante eles, em razão do seu ofício;

VII – os sócios, no caso de liquidação de sociedade de pessoas.

(*) Vide Súmulas 430 e 435 do STJ.

Parágrafo único. O disposto neste artigo só se aplica, em matéria de penalidades, às de caráter moratório.

**Art. 135.** São pessoalmente responsáveis pelos créditos correspondentes a obrigações tributárias resultantes de atos praticados com excesso de poderes ou infração de lei, contrato social ou estatutos:

I – as pessoas referidas no artigo anterior;

II – os mandatários, prepostos e empregados;

III – os diretores, gerentes ou representantes de pessoas jurídicas de direito privado.

## Seção IV
### Responsabilidade por Infrações

**Art. 136.** Salvo disposição de lei em contrário, a responsabilidade por infrações da legislação tributária independe da intenção do agente ou do responsável e da efetividade, natureza e extensão dos efeitos do ato.

(*) Vide Súmula 509 do STJ.

**Art. 137.** A responsabilidade é pessoal ao agente:

I – quanto às infrações conceituadas por lei como crimes ou contravenções, salvo quando praticadas no exercício regular de administração, mandato, função, cargo ou emprego, ou no cumprimento de ordem expressa emitida por quem de direito;

LIVRO SEGUNDO – NORMAS GERAIS DE DIREITO TRIBUTÁRIO    ART. 142

II – quanto às infrações em cuja definição o dolo específico do agente seja elementar;

III – quanto às infrações que decorram direta e exclusivamente de dolo específico:

a) das pessoas referidas no art. 134, contra aquelas por quem respondem;

b) dos mandatários, prepostos ou empregados, contra seus mandantes, preponentes ou empregadores;

c) dos diretores, gerentes ou representantes de pessoas jurídicas de direito privado, contra estas.

**Art. 138.** A responsabilidade é excluída pela denúncia espontânea da infração, acompanhada, se for o caso, do pagamento do tributo devido e dos juros de mora, ou do depósito da importância arbitrada pela autoridade administrativa, quando o montante do tributo dependa de apuração.

(*) Vide Súmula 360 do STJ.

Parágrafo único. Não se considera espontânea a denúncia apresentada após o início de qualquer procedimento administrativo ou medida de fiscalização, relacionados com a infração.

## TÍTULO III
## CRÉDITO TRIBUTÁRIO

### Capítulo I
### DISPOSIÇÕES GERAIS

**Art. 139.** O crédito tributário decorre da obrigação principal e tem a mesma natureza desta.

(*) V. art. 113, § 1º, do CTN.

**Art. 140.** As circunstâncias que modificam o crédito tributário, sua extensão ou seus efeitos, ou as garantias ou os privilégios a ele atribuídos, ou que excluem sua exigibilidade não afetam a obrigação tributária que lhe deu origem.

**Art. 141.** O crédito tributário regularmente constituído somente se modifica ou extingue, ou tem sua exigibilidade suspensa ou excluída, nos casos previstos nesta Lei, fora dos quais não podem ser dispensadas, sob pena de responsabilidade funcional na forma da lei, a sua efetivação ou as respectivas garantias.

(*) V. arts. 151 a 155-A do CTN (suspensão do crédito tributário).

(*) V. arts. 156 e 170 a 172 do CTN (extinção do crédito tributário).

(*) V. arts. 175 a 182 do CTN (exclusão do crédito tributário).

### Capítulo II
### CONSTITUIÇÃO
### DE CRÉDITO TRIBUTÁRIO

### Seção I
### Lançamento

**Art. 142.** Compete privativamente à autoridade administrativa constituir o crédito tributário pelo lançamento, assim entendido o procedimento administrativo tendente a verificar a ocorrência do fato gerador da obrigação correspondente, determinar a matéria tributável, calcular o montante do tributo devido, identificar o sujeito passivo e, sendo caso, propor a aplicação da penalidade cabível.

(*) V. arts. 121 e 122 do CTN (sujeito passivo).

(*) V. art. 173 do CTN (prazo para constituição do crédito tributário).

(*) V. art. 196 do CTN.

(*) Vide Súmula Vinculante 24 do STF.

(*) Vide Súmulas 436, 446 e 622 do STJ.

Parágrafo único. A atividade administrativa de lançamento é vinculada e obrigatória, sob pena de responsabilidade funcional.

**Art. 143.** Salvo disposição de lei em contrário, quando o valor tributário esteja expresso em moeda estrangeira, no lançamento far-se-á sua conversão em moeda nacional ao câmbio do dia da ocorrência do fato gerador da obrigação.

**Art. 144.** O lançamento reporta-se à data da ocorrência do fato gerador da obrigação e rege-se pela lei então vigente, ainda que posteriormente modificada ou revogada.

(*) V. art. 156, parágrafo único, do CTN.

§ 1º. Aplica-se ao lançamento a legislação que, posteriormente à ocorrência do fato gerador da obrigação, tenha instituído novos critérios de apuração ou processos de fiscalização, ampliado os poderes de investigação das autoridades administrativas, ou outorgado ao crédito maiores garantias ou privilégios, exceto, neste último caso, para o efeito de atribuir responsabilidade tributária a terceiros.

§ 2º. O disposto neste artigo não se aplica aos impostos lançados por períodos certos de tempo, desde que a respectiva lei fixe expressamente a data em que o fato gerador se considera ocorrido.

**Art. 145.** O lançamento regularmente notificado ao sujeito passivo só pode ser alterado em virtude de:

I – impugnação do sujeito passivo;

II – recurso de ofício;

III – iniciativa de ofício da autoridade administrativa, nos casos previstos no art. 149.

**Art. 146.** A modificação introduzida, de ofício ou em consequência de decisão administrativa ou judicial, nos critérios jurídicos adotados pela autoridade administrativa no exercício do lançamento somente pode ser efetivada, em relação a um mesmo sujeito passivo, quanto a fato gerador ocorrido posteriormente à sua introdução.

(*) V. arts. 121 e 122 do CTN (sujeito passivo).

Seção II
**Modalidades de Lançamento**

**Art. 147.** O lançamento é efetuado com base na declaração do sujeito passivo ou de terceiro, quando um ou outro, na forma da legislação tributária, presta à autoridade administrativa informações sobre matéria de fato, indispensáveis à sua efetivação.

(*) V. arts. 121 e 122 do CTN (sujeito passivo).

§ 1º. A retificação da declaração por iniciativa do próprio declarante, quando vise a reduzir ou a excluir tributo, só é admissível mediante comprovação do erro em que se funde, e antes de notificado o lançamento.

§ 2º. Os erros contidos na declaração e apuráveis pelo seu exame serão retificados de ofício pela autoridade administrativa a que competir a revisão daquela.

**Art. 148.** Quando o cálculo do tributo tenha por base, ou tome em consideração, o valor ou o preço de bens, direitos, serviços ou atos jurídicos, a autoridade lançadora, mediante processo regular, arbitrará aquele valor ou preço, sempre que sejam omissos ou não mereçam fé as declarações ou os esclarecimentos pres-

# LIVRO SEGUNDO – NORMAS GERAIS DE DIREITO TRIBUTÁRIO ART. 150

tados, ou os documentos expedidos pelo sujeito passivo ou pelo terceiro legalmente obrigado, ressalvada, em caso de contestação, avaliação contraditória, administrativa ou judicial.

**Art. 149.** O lançamento é efetuado e revisto de ofício pela autoridade administrativa nos seguintes casos:

(*) V. arts. 145, III; 150, § 4º; e 156, parágrafo único, do CTN.

I – quando a lei assim o determine;

II – quando a declaração não seja prestada, por quem de direito, no prazo e na forma da legislação tributária;

III – quando a pessoa legalmente obrigada, embora tenha prestado declaração nos termos do inciso anterior, deixe de atender, no prazo e na forma da legislação tributária, a pedido de esclarecimento formulado pela autoridade administrativa, recuse-se a prestá-lo ou não o preste satisfatoriamente, a juízo daquela autoridade;

IV – quando se comprove falsidade, erro ou omissão quanto a qualquer elemento definido na legislação tributária como sendo de declaração obrigatória;

V – quando se comprove omissão ou inexatidão, por parte da pessoa legalmente obrigada, no exercício da atividade a que se refere o artigo seguinte;

VI – quando se comprove ação ou omissão do sujeito passivo, ou de terceiro legalmente obrigado, que dê lugar à aplicação de penalidade pecuniária;

VII – quando se comprove que o sujeito passivo, ou terceiro em benefício daquele, agiu com dolo, fraude ou simulação;

VIII – quando deva ser apreciado fato não conhecido ou não provado por ocasião do lançamento anterior;

IX – quando se comprove que, no lançamento anterior, ocorreu fraude ou falta funcional da autoridade que o efetuou, ou omissão, pela mesma autoridade, de ato ou formalidade especial.

(*) V. art. 142, parágrafo único, do CTN.

Parágrafo único. A revisão do lançamento só pode ser iniciada enquanto não extinto o direito da Fazenda Pública.

**Art. 150.** O lançamento por homologação, que ocorre quanto aos tributos cuja legislação atribua ao sujeito passivo o dever de antecipar o pagamento sem prévio exame da autoridade administrativa, opera-se pelo ato em que a referida autoridade, tomando conhecimento da atividade assim exercida pelo obrigado, expressamente a homologa.

(*) V. art. 162, § 3º, do CTN.

§ 1º. O pagamento antecipado pelo obrigado nos termos deste artigo extingue o crédito, sob condição resolutória da ulterior homologação ao lançamento.

§ 2º. Não influem sobre a obrigação tributária quaisquer atos anteriores à homologação, praticados pelo sujeito passivo ou por terceiro, visando à extinção total ou parcial do crédito.

§ 3º. Os atos a que se refere o parágrafo anterior serão, porém, considerados na apuração do saldo porventura devido e, sendo o caso, na imposição de penalidade, ou sua graduação.

§ 4º. Se a lei não fixar prazo a homologação, será ele de 5 (cinco) anos, a contar da ocorrência do fato gerador; expirado esse prazo sem que a Fazenda Pública se tenha pronunciado, considera-se homologado o

**ART. 151** CÓDIGO TRIBUTÁRIO NACIONAL

lançamento e definitivamente extinto o crédito, salvo se comprovada a ocorrência de dolo, fraude ou simulação.

## Capítulo III
## SUSPENSÃO DO CRÉDITO TRIBUTÁRIO

### Seção I
### Disposições Gerais

**Art. 151.** Suspendem a exigibilidade do crédito tributário:
(*) V. art. 191-A do CTN.
(*) Vide Súmula 437 do STJ.

I – moratória;
(*) V. arts. 152 a 155-A do CTN.
(*) Vide art. 3º, § 2º, da Lei nº 13.988/2020.

II – o depósito do seu montante integral;
(*) Vide Súmula 112 do STJ.

III – as reclamações e os recursos, nos termos das leis reguladoras do processo tributário administrativo;
(*) Vide Súmula Vinculante 21 do STF.

IV – a concessão de medida liminar em mandado de segurança;
(*) Vide Súmula Vinculante 28 do STF.

V – a concessão de medida liminar ou de tutela antecipada, em outras espécies de ação judicial;
(*) Inciso V acrescido pela Lei Complementar nº 104/2001.
(*) Vide Súmula Vinculante 28 do STF.

VI – o parcelamento.
(*) Inciso VI acrescido pela Lei Complementar nº 104/2001.
(*) Vide art. 3º, § 2º, da Lei nº 13.988/2020.

Parágrafo único. O disposto neste artigo não dispensa o cumprimento das obrigações acessórias dependentes da obrigação principal cujo crédito seja suspenso, ou dela consequentes.
(*) V. art. 113 do CTN (obrigação principal e acessória).

### Seção II
### Moratória

**Art. 152.** A moratória somente pode ser concedida:

I – em caráter geral:

a) pela pessoa jurídica de direito público competente para instituir o tributo a que se refira;

b) pela União, quanto a tributos de competência dos Estados, do Distrito Federal ou dos Municípios, quando simultaneamente concedida quanto aos tributos de competência federal e às obrigações de direito privado;

II – em caráter individual, por despacho da autoridade administrativa, desde que autorizada por lei nas condições do inciso anterior.

Parágrafo único. A lei concessiva de moratória pode circunscrever expressamente a sua aplicabilidade à determinada região do território da pessoa jurídica de direito público que a expedir, ou a determinada classe ou categoria de sujeitos passivos.

**Art. 153.** A lei que conceda moratória em caráter geral ou autorize sua concessão em caráter individual especificará, sem prejuízo de outros requisitos:

I – o prazo de duração do favor;

II – as condições da concessão do favor em caráter individual;

III – sendo caso:

a) os tributos a que se aplica;

b) o número de prestações e seus vencimentos, dentro do prazo a que se refere o inciso I, podendo atribuir a fixação de uns e de outros à autoridade administrativa, para cada caso de concessão em caráter individual;

LIVRO SEGUNDO – NORMAS GERAIS DE DIREITO TRIBUTÁRIO  ART. 156

c) as garantias que devem ser fornecidas pelo beneficiado no caso de concessão em caráter individual.

**Art. 154.** Salvo disposição de lei em contrário, a moratória somente abrange os créditos definitivamente constituídos à data da lei ou do despacho que a conceder, ou cujo lançamento já tenha sido iniciado àquela data por ato regularmente notificado ao sujeito passivo.

(*) V. art. 111 do CTN.

Parágrafo único. A moratória não aproveita aos casos de dolo, fraude ou simulação do sujeito passivo ou do terceiro em benefício daquele.

**Art. 155.** A concessão da moratória em caráter individual não gera direito adquirido e será revogado de ofício, sempre que se apure que o beneficiado não satisfazia ou deixou de satisfazer as condições ou não cumprira ou deixou de cumprir os requisitos para a concessão do favor, cobrando-se o crédito acrescido de juros de mora:

(*) V. arts. 161, § 1º; 172, parágrafo único; 179, § 2º; e 182, parágrafo único, do CTN.

I – com imposição da penalidade cabível, nos casos de dolo ou simulação do beneficiado, ou de terceiro em benefício daquele;

II – sem imposição de penalidade, nos demais casos.

Parágrafo único. No caso do inciso I deste artigo, o tempo decorrido entre a concessão da moratória e sua revogação não se computa para efeito da prescrição do direito à cobrança do crédito; no caso do inciso II deste artigo, a revogação só pode ocorrer antes de prescrito o referido direito.

(*) V. art. 174 do CTN.

**Art. 155-A.** O parcelamento será concedido na forma e condição estabelecidas em lei específica.

(*) Art. 155-A, *caput*, acrescido pela Lei Complementar nº 104/2001.

§ 1º. Salvo disposição de lei em contrário, o parcelamento do crédito tributário não exclui a incidência de juros e multas.

(*) § 1º acrescido pela Lei Complementar nº 104/2001.

§ 2º. Aplicam-se, subsidiariamente, ao parcelamento as disposições desta Lei, relativas à moratória.

(*) § 2º acrescido pela Lei Complementar nº 104/2001.

§ 3º. Lei específica disporá sobre as condições de parcelamento dos créditos tributários do devedor em recuperação judicial.

(*) § 3º acrescido pela Lei Complementar nº 118/2005.

§ 4º. A inexistência da lei específica a que se refere o § 3º deste artigo importa na aplicação das leis gerais de parcelamento do ente da Federação ao devedor em recuperação judicial, não podendo, neste caso, ser o prazo de parcelamento inferior ao concedido pela lei federal específica.

(*) § 4º acrescido pela Lei Complementar nº 118/2005.

**Capítulo IV**
**EXTINÇÃO**
**DO CRÉDITO TRIBUTÁRIO**

**Seção I**
**Modalidades de Extinção**

**Art. 156.** Extinguem o crédito tributário:

I – o pagamento;

(*) V. arts. 157 a 164 do CTN.

II – a compensação;
(*) V. arts. 170 e 170-A do CTN.
III – a transação;
(*) V. art. 171 do CTN.
IV – remissão;
(*) V. art. 172 do CTN.
V – a prescrição e a decadência;
(*) V. arts. 173 e 174 do CTN.
VI – a conversão de depósito em renda;
VII – o pagamento antecipado e a homologação do lançamento nos termos do disposto no art. 150 e seus §§ 1º e 4º;
VIII – a consignação em pagamento, nos termos do disposto no § 2º do art. 164;
IX – a decisão administrativa irreformável, assim entendida a definitiva na órbita administrativa, que não mais possa ser objeto de ação anulatória;
X – a decisão judicial passada em julgado;
XI – a dação em pagamento em bens imóveis, na forma e condições estabelecidas em lei.

(*) Inciso XI acrescido pela Lei Complementar nº 104/2001.

(*) Vide art. 4º da Lei nº 13.259/2016, que regulamenta este inciso XI: "**Art. 4º**. O crédito tributário inscrito em dívida ativa da União poderá ser extinto, nos termos do inciso XI do caput do art. 156 da Lei nº 5.172, de 25 de outubro de 1966 – Código Tributário Nacional, mediante dação em pagamento de bens imóveis, a critério do credor, na forma desta Lei, desde que atendidas as seguintes condições: I – a dação seja precedida de avaliação do bem ou dos bens ofertados, que devem estar livres e desembaraçados de quaisquer ônus, nos termos de ato do Ministério da Fazenda; e II – a dação abranja a totalidade do crédito ou créditos que se pretende liquidar com atualização, juros, multa e encargos legais, sem desconto de qualquer natureza, assegurando-se ao devedor a possibilidade de complementação em dinheiro de eventual diferença entre os valores da totalidade da dívida e o valor do bem ou dos bens ofertados em dação. § 1º. O disposto no caput não se aplica aos créditos tributários referentes ao Regime Especial Unificado de Arrecadação de Tributos e Contribuições devidos pelas Microempresas e Empresas de Pequeno Porte – Simples Nacional. § 2º. Caso o crédito que se pretenda extinguir seja objeto de discussão judicial, a dação em pagamento somente produzirá efeitos após a desistência da referida ação pelo devedor ou corresponsável e a renúncia do direito sobre o qual se funda a ação, devendo o devedor ou o corresponsável arcar com o pagamento das custas judiciais e honorários advocatícios. § 3º. A União observará a destinação específica dos créditos extintos por dação em pagamento, nos termos de ato do Ministério da Fazenda. § 4º. Os registros contábeis decorrentes da dação em pagamento de que trata o caput deste artigo observarão as normas gerais de consolidação das contas públicas de que trata o § 2º do art. 50 da Lei Complementar nº 101, de 4 de maio de 2000.".

Parágrafo único. A lei disporá quanto aos efeitos da extinção total ou parcial do crédito sobre a ulterior verificação da irregularidade da sua constituição, observado o disposto nos arts. 144 e 149.

## Seção II
### Pagamento

**Art. 157.** A imposição de penalidade não ilide o pagamento integral do crédito tributário.

(*) Vide Súmula 560 do STF.

**Art. 158.** O pagamento de um crédito não importa em presunção de pagamento:

I – quando parcial, das prestações em que se decomponha;

II – quando total, de outros créditos referentes ao mesmo ou a outros tributos.

**Art. 159.** Quando a legislação tributária não dispuser a respeito, o pagamento é efetuado na repartição competente do domicílio do sujeito passivo.

(*) V. art. 96 do CTN (legislação atributária).
(*) V. art. 127 do CTN (domicílio tributário).

**Art. 160.** Quando a legislação tributária não fixar o tempo do pagamento, o vencimento do crédito ocorre 30 (trinta) dias depois da data em que se considera o sujeito passivo notificado do lançamento.

Parágrafo único. A legislação tributária pode conceder desconto pela antecipação do pagamento, nas condições que estabeleça.

**Art. 161.** O crédito não integralmente pago no vencimento é acrescido de juros de mora, seja qual for o motivo determinante da falta, sem prejuízo da imposição das penalidades cabíveis e da aplicação de quaisquer medidas de garantia previstas nesta Lei ou em lei tributária.

§ 1º. Se a lei não dispuser de modo diverso, os juros de mora são calculados à taxa de 1% (um por cento) ao mês.

(*) Vide Súmula 523 do STJ.

§ 2º. O disposto neste artigo não se aplica na pendência de consulta formulada pelo devedor dentro do prazo legal para pagamento do crédito.

**Art. 162.** O pagamento é efetuado:

I – em moeda corrente, cheque ou vale postal;

II – nos casos previstos em lei, em estampilha, em papel selado, ou por processo mecânico.

(*) Vide Súmula 547 do STF.

§ 1º. A legislação tributária pode determinar as garantias exigidas para o pagamento por cheque ou vale postal, desde que não o torne impossível ou mais oneroso que o pagamento em moeda corrente.

§ 2º. O crédito pago por cheque somente se considera extinto com o resgate deste pelo sacado.

§ 3º. O crédito pagável em estampilha considera-se extinto com a inutilização regular daquela, ressalvado o disposto no art. 150.

§ 4º. A perda ou destruição da estampilha, ou o erro no pagamento por esta modalidade, não dão direito a restituição, salvo nos casos expressamente previstos na legislação tributária, ou naquelas em que o erro seja imputável à autoridade administrativa.

(*) V. art. 165 do CTN.

§ 5º. O pagamento em papel selado ou por processo mecânico equipara-se ao pagamento em estampilha.

**Art. 163.** Existindo simultaneamente dois ou mais débitos vencidos do mesmo sujeito passivo para com a mesma pessoa jurídica de direito público, relativos ao mesmo ou a diferentes tributos ou provenientes de penalidade pecuniária ou juros de mora, a autoridade administrativa competente para receber o pagamento determinará a respectiva imputação, obedecidas as seguintes regras, na ordem em que enumeradas:

I – em primeiro lugar, aos débitos por obrigação própria, e em segundo lugar aos decorrentes de responsabilidade tributária;

II – primeiramente, às contribuições de melhoria, depois às taxas e por fim aos impostos;

III – na ordem crescente dos prazos de prescrição;

IV – na ordem decrescente dos montantes.

**Art. 164.** A importância de crédito tributário pode ser consignada judicialmente pelo sujeito passivo, nos casos:

I – de recusa de recebimento, ou subordinação deste ao pagamento de outro tributo ou de penalidade, ou ao cumprimento de obrigação acessória;

II – de subordinação do recebimento ao cumprimento de exigências administrativas sem fundamento legal;

III – de exigência, por mais de uma pessoa jurídica de direito público, de tributo idêntico sobre um mesmo fato gerador.

§ 1º. A consignação só pode versar sobre o crédito que o consignante se propõe pagar.

§ 2º. Julgada procedente a consignação, o pagamento se reputa efetuado e a importância consignada é convertida em renda; julgada improcedente a consignação no todo ou em parte, cobra-se o crédito acrescido de juros de mora, sem prejuízo das penalidades cabíveis.

### Seção III
### Pagamento Indevido

**Art. 165.** O sujeito passivo tem direito, independentemente de prévio protesto, à restituição total ou parcial do tributo, seja qual for a modalidade do seu pagamento, ressalvado o disposto no § 4º do art. 162, nos seguintes casos:

(\*) Vide Súmula 546 do STF.

(\*) Vide Súmulas 162, 188, 447 e 461 do STJ.

I – cobrança ou pagamento espontâneo de tributo indevido ou maior que o devido em face da legislação tributária aplicável, ou da natureza ou circunstâncias materiais do fato gerador efetivamente ocorrido;

(\*) V. art. 168, I, do CTN.

II – erro na edificação♦ do sujeito passivo, na determinação da alíquota aplicável, no cálculo do montante do débito ou na elaboração ou conferência de qualquer documento relativo ao pagamento;

♦ Publicação oficial: "edificação".
Entendemos que seria: "identificação". (N.E.)

(\*) V. art. 168, I, do CTN.

III – reforma, anulação, revogação ou rescisão de decisão condenatória.

(\*) V. art. 168, II, do CTN.

**Art. 166.** A restituição de tributos que comportem, por sua natureza, transferência do respectivo encargo financeiro somente será feita a quem prove haver assumido o referido encargo, ou, no caso de tê-lo transferido a terceiro, estar por este expressamente autorizado a recebê-la.

(\*) Vide Súmula 614 do STJ.

**Art. 167.** A restituição total ou parcial do tributo dá lugar à restituição, na mesma proporção, dos juros de mora e das penalidades pecuniárias, salvo as referentes a infrações de caráter formal não prejudicadas pela causa da restituição.

Parágrafo único. A restituição vence juros não capitalizáveis, a partir do trânsito em julgado da decisão definitiva que a determinar.

(\*) Vide Súmula 188 do STJ.

**Art. 168.** O direito de pleitear a restituição extingue-se com o decurso do prazo de 5 (cinco) anos, contados:

(\*) Vide Súmula 625 do STJ.

LIVRO SEGUNDO – NORMAS GERAIS DE DIREITO TRIBUTÁRIO **ART. 172**

I – nas hipóteses dos incisos I e II do art. 165, da data da extinção do crédito tributário;

(*) Vide art. 3º da Lei Complementar nº 118/2005, que dispõe: "*Art. 3º. Para efeito de interpretação do inciso I do art. 168 da Lei nº 5.172, de 25 de outubro de 1966 – Código Tributário Nacional, a extinção do crédito tributário ocorre, no caso de tributo sujeito a lançamento por homologação, no momento do pagamento antecipado de que trata o § 1º do art. 150 da referida Lei.*".

II – na hipótese do inciso III do art. 165, da data em que se tornar definitiva a decisão administrativa ou passar em julgado a decisão judicial que tenha reformado, anulado, revogado ou rescindido a decisão condenatória.

**Art. 169.** Prescreve em 2 (dois) anos a ação anulatória da decisão administrativa que denegar a restituição.

Parágrafo único. O prazo de prescrição é interrompido pelo início da ação judicial, recomeçando o seu curso, por metade, a partir da data da intimação validamente feita ao representante judicial da Fazenda Pública interessada.

### Seção IV
### Demais Modalidades de Extinção

**Art. 170.** A lei pode, nas condições e sob as garantias que estipular, ou cuja estipulação em cada caso atribuir à autoridade administrativa, autorizar a compensação de créditos tributários com créditos líquidos e certos, vencidos ou vincendos, do sujeito passivo contra a Fazenda Pública.

(*) Vide Decreto nº 7.212/2010, que regulamenta a cobrança, fiscalização, arrecadação e administração do Imposto sobre Produtos Industrializados – IPI.

Parágrafo único. Sendo vincendo o crédito do sujeito passivo, a lei determinará, para os efeitos deste artigo, a apuração do seu montante, não podendo, porém, cominar redução maior que a correspondente ao juro de 1% (um por cento) ao mês pelo tempo a decorrer entre a data da compensação e a do vencimento.

**Art. 170-A.** É vedada a compensação mediante o aproveitamento de tributo, objeto de contestação judicial pelo sujeito passivo, antes do trânsito em julgado da respectiva decisão judicial.

(*) Art. 170-A acrescido pela Lei Complementar nº 104/2001.

(*) Vide Súmulas 212, 213, 460 e 464 do STJ.

**Art. 171.** A lei pode facultar, nas condições que estabeleça, aos sujeitos ativo e passivo da obrigação tributária celebrar transação que, mediante concessões mútuas, importe em determinação♦ de litígio e consequente extinção de crédito tributário.

♦ Publicação oficial: "determinação". Entendemos que seria: "terminação". (N.E.)

(*) Vide Lei nº 13.988/2020.

Parágrafo único. A lei indicará a autoridade competente para autorizar a transação em cada caso.

(*) Vide art. 2º da Lei Complementar nº 174/2020.

(*) Vide Lei nº 13.988/2020, que dispõe sobre a transação nas hipóteses em que especifica.

**Art. 172.** A lei pode autorizar a autoridade administrativa a conceder, por despacho fundamentado, remissão total ou parcial do crédito tributário, atendendo:

I – à situação econômica do sujeito passivo;

II – ao erro ou ignorância excusáveis do sujeito passivo, quanto a matéria de fato;

III – à diminuta importância do crédito tributário;

IV – a considerações de equidade, em relação com as características pessoais ou materiais do caso;

V – a condições peculiares a determinada região do território da entidade tributante.

Parágrafo único. O despacho referido neste artigo não gera direito adquirido, aplicando-se, quando cabível, o disposto no art. 155.

**Art. 173.** O direito de a Fazenda Pública constituir o crédito tributário extingue-se após 5 (cinco) anos, contados:

(*) Vide Súmula Vinculante 8 do STF.
(*) Vide Súmula 555 do SJT.

I – do primeiro dia do exercício seguinte àquele em que o lançamento poderia ter sido efetuado;

II – da data em que se tornar definitiva a decisão que houver anulado, por vício formal, o lançamento anteriormente efetuado.

Parágrafo único. O direito a que se refere este artigo extingue-se definitivamente com o decurso do prazo nele previsto, contado da data em que tenha sido iniciada a constituição do crédito tributário pela notificação, ao sujeito passivo, de qualquer medida preparatória indispensável ao lançamento.

(*) V. arts. 142 a 150 do CTN (constituição do crédito tributário).
(*) Vide Súmula 210 do STJ.

**Art. 174.** A ação para a cobrança do crédito tributário prescreve em 5 (cinco) anos, contados da data da sua constituição definitiva.

(*) Vide Súmulas 210, 314 e 622 do STJ.

Parágrafo único. A prescrição se interrompe:

I – pelo despacho do juiz que ordenar a citação em execução fiscal;

(*) Inciso I com redação dada pela Lei Complementar nº 118/2005.

II – pelo protesto judicial;

III – por qualquer ato judicial que constitua em mora o devedor;

IV – por qualquer ato inequívoco ainda que extrajudicial, que importe em reconhecimento do débito pelo devedor.

(*) Vide Súmula 625 do STJ.

## Capítulo V
### EXCLUSÃO DE CRÉDITO TRIBUTÁRIO

#### Seção I
#### Disposições Gerais

**Art. 175.** Excluem o crédito tributário:

I – a isenção;

(*) V. arts. 176 a 179 do CTN (isenção).

II – a anistia.

(*) V. arts. 180 a 182 do CTN (isenção).

Parágrafo único. A exclusão do crédito tributário não dispensa o cumprimento das obrigações acessórias dependentes da obrigação principal cujo crédito seja excluído, ou dela consequente.

#### Seção II
#### Isenção

(*) Vide Lei Complementar nº 24/1975, que dispõe sobre os convênios para a concessão de isenções do imposto sobre operações relativas à circulação de mercadorias, e dá outras providências.

**Art. 176.** A isenção, ainda quando prevista em contrato, é sempre decorrente de lei que especifique as condições e requisitos exigidos para a sua concessão, os tributos a que se aplica e, sendo caso, o prazo de sua duração.

(*) Vide Súmula 544 do STF.

Parágrafo único. A isenção pode ser restrita a determinada região do território da entidade tributante, em função de condições a ela peculiares.

**Art. 177.** Salvo disposição de lei em contrário, a isenção não é extensiva:

I – às taxas e às contribuições de melhoria;

II – aos tributos instituídos posteriormente à sua concessão.

**Art. 178.** A isenção, salvo se concedida por prazo certo e em função de determinadas condições, pode ser revogada ou modificada por lei, a qualquer tempo, observado o disposto no inciso III do art. 104.

(*) Art. 178 com redação dada pela Lei Complementar nº 24/1975.

**Art. 179.** A isenção, quando não concedida em caráter geral, é efetivada, em cada caso, por despacho da autoridade administrativa, em requerimento com o qual o interessado faça prova do preenchimento das condições e do cumprimento dos requisitos previstos em lei ou contrato para sua concessão.

§ 1º. Tratando-se de tributo lançado por período certo de tempo, o despacho referido neste artigo será renovado antes da expiração de cada período, cessando automaticamente os seus efeitos a partir do primeiro dia do período para o qual o interessado deixar de promover a continuidade do reconhecimento da isenção.

§ 2º. O despacho referido neste artigo não gera direito adquirido, aplicando-se, quando cabível, o disposto no art. 155.

**Seção III**
**Anistia**

**Art. 180.** A anistia abrange exclusivamente as infrações cometidas anteriormente à vigência da lei que a concede, não se aplicando:

I – aos atos qualificados em lei como crimes ou contravenções e aos que, mesmo sem essa qualificação, sejam praticados com dolo, fraude ou simulação pelo sujeito passivo ou por terceiro em benefício daquele;

II – salvo disposição em contrário, às infrações resultantes de conluio entre 2 (duas) ou mais pessoas naturais ou jurídicas.

**Art. 181.** A anistia pode ser concedida:

I – em caráter geral;

II – limitadamente:

a) às infrações da legislação relativa a determinado tributo;

b) às infrações punidas com penalidades pecuniárias até determinado montante, conjugadas ou não com penalidades de outra natureza;

c) a determinada região do território da entidade tributante, em função de condições a ela peculiares;

d) sob condição do pagamento de tributo no prazo fixado pela lei que a conceder, ou cuja fixação seja atribuída pela mesma lei à autoridade administrativa.

**Art. 182.** A anistia, quando não concedida em caráter geral, é efetivada, em cada caso, por despacho da autoridade administrativa, em requerimento com a qual o interessado faça prova do preenchimento das condições e do cumprimento dos requisitos previstos em lei para sua concessão.

Parágrafo único. O despacho referido neste artigo não gera direito adquirido, aplicando-se, quando cabível, o disposto no art. 155.

## Capítulo VI
## GARANTIAS E PRIVILÉGIOS DO CRÉDITO TRIBUTÁRIO

### Seção I
### Disposições Gerais

**Art. 183.** A enumeração das garantias atribuídas neste Capítulo ao crédito tributário não exclui outras que sejam expressamente previstas em lei, em função da natureza ou das características do tributo a que se refiram.

Parágrafo único. A natureza das garantias atribuídas ao crédito tributário não altera a natureza deste nem a da obrigação tributária a que corresponda.

**Art. 184.** Sem prejuízo dos privilégios especiais sobre determinados bens, que sejam previstos em lei, responde pelo pagamento do crédito tributário a totalidade dos bens e das rendas, de qualquer origem ou natureza, do sujeito passivo, seu espólio ou sua massa falida, inclusive os gravados por ônus real ou cláusula de inalienabilidade ou impenhorabilidade, seja qual for a data da constituição do ônus ou da cláusula, excetuados unicamente os bens e rendas que a lei declare absolutamente impenhoráveis.

**Art. 185.** Presume-se fraudulenta a alienação ou oneração de bens ou rendas, ou seu começo, por sujeito passivo em débito para com a Fazenda Pública, por crédito tributário regularmente inscrito como dívida ativa.

Parágrafo único. O disposto neste artigo não se aplica na hipótese de terem sido reservados, pelo devedor, bens ou rendas suficientes ao total pagamento da dívida inscrita.

(*) Art. 185 com redação dada pela Lei Complementar nº 118/2005.
(*) V. art. 204 do CTN.

**Art. 185-A.** Na hipótese de o devedor tributário, devidamente citado, não pagar nem apresentar bens à penhora no prazo legal e não forem encontrados bens penhoráveis, o juiz determinará a indisponibilidade de seus bens e direitos, comunicando a decisão, preferencialmente por meio eletrônico, aos órgãos e entidades que promovem registros de transferência de bens, especialmente ao registro público de imóveis e às autoridades supervisoras do mercado bancário e do mercado de capitais, a fim de que, no âmbito de suas atribuições, façam cumprir a ordem judicial.

(*) Vide Súmula 560 do STJ.

§ 1º. A indisponibilidade de que trata o *caput* deste artigo limitar-se-á ao valor total exigível, devendo o juiz determinar o imediato levantamento da indisponibilidade dos bens ou valores que excederem esse limite.

§ 2º. Os órgãos e entidades aos quais se fizer a comunicação de que trata o *caput* deste artigo enviarão imediatamente ao juízo a relação discriminada dos bens e direitos cuja indisponibilidade houverem promovido.

(*) Art. 185-A acrescido pela Lei Complementar nº 118/2005.

## Seção II
### Preferências

**Art. 186.** O crédito tributário prefere a qualquer outro, seja qual for sua natureza ou o tempo de sua constituição, ressalvados os créditos decorrentes da legislação do trabalho ou do acidente de trabalho.

(*) Art. 186, *caput*, com redação dada pela Lei Complementar nº 118/2005.

Parágrafo único. Na falência:

I – o crédito tributário não prefere aos créditos extraconcursais ou às importâncias passíveis de restituição, nos termos da lei falimentar, nem aos créditos com garantia real, no limite do valor do bem gravado;

II – a lei poderá estabelecer limites e condições para a preferência dos créditos decorrentes da legislação do trabalho; e

III – a multa tributária prefere apenas aos créditos subordinados.

(*) Parágrafo único acrescido pela Lei Complementar nº 118/2005.

**Art. 187.** A cobrança judicial do crédito tributário não é sujeita a concurso de credores ou habilitação em falência, recuperação judicial, concordata, inventário ou arrolamento.

(*) Art. 187, *caput*, com redação dada pela Lei Complementar nº 118/2005.

Parágrafo único. O concurso de preferência somente se verifica entre pessoas jurídicas de direito público, na seguinte ordem:

I – União;

II – Estados, Distrito Federal e Territórios, conjuntamente e *pro rata*;

III – Municípios, conjuntamente e *pro rata*.

(*) Vide Súmula 563 do STF.
(*) Vide Súmula 497 do STJ.

**Art. 188.** São extraconcursais os créditos tributários decorrentes de fatos geradores ocorridos no curso do processo de falência.

(*) Art. 188, *caput*, com redação dada pela Lei Complementar nº 118/2005.

§ 1º. Contestado o crédito tributário, o juiz remeterá as partes ao processo competente, mandando reservar bens suficientes à extinção total do crédito e seus acrescidos, se a massa não puder efetuar a garantia da instância por outra forma, ouvido, quanto à natureza e valor dos bens reservados, o representante da Fazenda Pública interessada.

§ 2º. O disposto neste artigo aplica-se aos processos de concordata.

**Art. 189.** São pagos preferencialmente a quaisquer créditos habilitados em inventário ou arrolamento, ou a outros encargos do monte, os créditos tributários vencidos ou vincendos, a cargo do *de cujus* ou de seu espólio, exigíveis no decurso do processo de inventário ou arrolamento.

Parágrafo único. Contestado o crédito tributário, proceder-se-á na forma do disposto no § 1º do artigo anterior.

**Art. 190.** São pagos preferencialmente a quaisquer outros os créditos tributários vencidos ou vincendos, a cargo de pessoas jurídicas de direito privado em liquidação judicial ou voluntária, exigíveis no decurso da liquidação.

**Art. 191.** A extinção das obrigações do falido requer prova de quitação de todos os tributos.

(*) Art. 191 com redação dada pela Lei Complementar nº 118/2005.

**Art. 191-A.** A concessão de recuperação judicial depende da apresentação da prova de quitação de todos os tributos, observado o disposto nos arts. 151, 205 e 206 desta Lei.

(*) Art. 191-A acrescido pela Lei Complementar nº 118/2005.

**Art. 192.** Nenhuma sentença de julgamento de partilha ou adjudicação será proferida sem prova da quitação de todos os tributos relativos aos bens do espólio, ou às suas rendas.

**Art. 193.** Salvo quando expressamente autorizado por lei, nenhum departamento da administração pública da União, dos Estados, do Distrito Federal, ou dos Municípios, ou sua autarquia, celebrará contrato ou aceitará proposta em concorrência pública sem que o contratante ou proponente faça prova da quitação de todos os tributos devidos à Fazenda Pública interessada, relativos à atividade em cujo exercício contrata ou concorre.

## TÍTULO IV
## ADMINISTRAÇÃO TRIBUTÁRIA

### Capítulo I
### FISCALIZAÇÃO

**Art. 194.** A legislação tributária, observado o disposto nesta Lei, regulará, em caráter geral, ou especificamente em função da natureza do tributo de que se tratar, a competência e os poderes das autoridades administrativas em matéria de fiscalização da sua aplicação.

(*) V. art. 96 do CTN.

Parágrafo único. A legislação a que se refere este artigo aplica-se às pessoas naturais ou jurídicas, contribuintes ou não, inclusive às que gozem de imunidade tributária ou de isenção de caráter pessoal.

(*) Vide art. 150, VI, da CF/1988.
(*) Vide Súmulas 591, 724 e 730 do STF.
(*) Vide Súmula Vinculante 57 do STF.

**Art. 195.** Para os efeitos da legislação tributária, não têm aplicação quaisquer disposições legais excludentes ou limitativas do direito de examinar mercadorias, livros, arquivos, documentos, papéis e efeitos comerciais ou fiscais, dos comerciantes industriais ou produtores, ou da obrigação destes de exibi-los.

Parágrafo único. Os livros obrigatórios de escrituração comercial e fiscal e os comprovantes dos lançamentos neles efetuados serão conservados até que ocorra a prescrição dos créditos tributários decorrentes das operações a que se refiram.

(*) Vide Súmula 439 do STF.

**Art. 196.** A autoridade administrativa que proceder ou presidir a quaisquer diligências de fiscalização lavrará os termos necessários para que se documente o início do procedimento, na forma da legislação aplicável, que fixará prazo máximo para a conclusão daquelas.

Parágrafo único. Os termos a que se refere este artigo serão lavrados, sempre que possível, em um dos livros fiscais exibidos; quando lavrados em separado deles se entregará, à pessoa sujeita à fiscalização, cópia autenticada pela autoridade a que se refere este artigo.

**Art. 197.** Mediante intimação escrita, são obrigados a prestar à autoridade administrativa todas as informações de que disponham com relação aos bens, negócios ou atividades de terceiros:

I – os tabeliães, escrivães e demais serventuários de ofício;

II – os bancos, casas bancárias, Caixas Econômicas e demais instituições financeiras;

III – as empresas de administração de bens;

IV – os corretores, leiloeiros e despachantes oficiais;

V – os inventariantes;

VI – os síndicos, comissários e liquidatários;

LIVRO SEGUNDO – NORMAS GERAIS DE DIREITO TRIBUTÁRIO    ART. 199

VII – quaisquer outras entidades ou pessoas que a lei designe, em razão de seu cargo, ofício, função, ministério, atividade ou profissão.

Parágrafo único. A obrigação prevista neste artigo não abrange a prestação de informações quanto a fatos sobre os quais o informante esteja legalmente obrigado a observar segredo em razão de cargo, ofício, função, ministério, atividade ou profissão.

**Art. 198.** Sem prejuízo do disposto na legislação criminal, é vedada a divulgação, por parte da Fazenda Pública ou de seus servidores, de informação obtida em razão do ofício sobre a situação econômica ou financeira do sujeito passivo ou de terceiros e sobre a natureza e o estado de seus negócios ou atividades.

(*) Art. 198, *caput*, com redação dada pela Lei Complementar nº 104/2001.

§ 1º. Excetuam-se do disposto neste artigo, além dos casos previstos no art. 199, os seguintes:

(*) § 1º, *caput*, primitivo parágrafo único, renumerado e com redação dada pela Lei Complementar nº 104/2001.

I – requisição de autoridade judiciária no interesse da justiça;

(*) Inciso I acrescido pela Lei Complementar nº 104/2001.

II – solicitações de autoridade administrativa no interesse da Administração Pública, desde que seja comprovada a instauração regular de processo administrativo, no órgão ou na entidade respectiva, com o objetivo de investigar o sujeito passivo a que se refere a informação, por prática de infração administrativa.

(*) Inciso II acrescido pela Lei Complementar nº 104/2001.

§ 2º. O intercâmbio de informação sigilosa, no âmbito da Administração Pública, será realizado mediante processo regularmente instaurado, e a entrega será feita pessoalmente à autoridade solicitante, mediante recibo, que formalize a transferência e assegure a preservação do sigilo.

(*) § 2º acrescido pela Lei Complementar nº 104/2001.

§ 3º. Não é vedada a divulgação de informações relativas a:

(*) § 3º, *caput*, acrescido pela Lei Complementar nº 104/2001.

I – representações fiscais para fins penais;

(*) Inciso I acrescido pela Lei Complementar nº 104/2001.

II – inscrições na Dívida Ativa da Fazenda Pública;

(*) Inciso II acrescido pela Lei Complementar nº 104/2001.

III – parcelamento ou moratória; e

(*) Inciso III acrescido pela Lei Complementar nº 104/2001 e com redação dada pela Lei Complementar nº 187/2021.

IV – incentivo, renúncia, benefício ou imunidade de natureza tributária cujo beneficiário seja pessoa jurídica.

(*) Inciso IV acrescido pela Lei Complementar nº 187/2021.

**Art. 199.** A Fazenda Pública da União e as dos Estados, do Distrito Federal e dos Municípios prestar-se-ão mutuamente assistência para a fiscalização dos tributos respectivos e permuta de informações, na forma estabelecida, em caráter geral ou específico, por lei ou convênio.

Parágrafo único. A Fazenda Pública da União, na forma estabelecida em tratados, acordos ou convênios, poderá permutar informações com Estados estrangeiros no interesse da arrecadação e da fiscalização de tributos.

(*) Parágrafo único acrescido pela Lei Complementar nº 104/2001.

**Art. 200.** As autoridades administrativas federais poderão requisitar o auxílio da força pública federal, estadual ou municipal, e reciprocamente, quando vítimas de embaraço ou desacato no exercício de suas funções, ou quando necessário à efetivação de medida prevista na legislação tributária, ainda que não se configure fato definido em lei como crime ou contravenção.

(*) Vide art. 331 do CP.

## Capítulo II
### DÍVIDA ATIVA

**Art. 201.** Constitui dívida ativa tributária a proveniente de crédito dessa natureza, regularmente inscrita na repartição administrativa competente, depois de esgotado o prazo fixado, para pagamento, pela lei ou por decisão final proferida em processo regular.

Parágrafo único. A fluência de juros de mora não exclui, para os efeitos deste artigo, a liquidez do crédito.

**Art. 202.** O termo de inscrição da dívida ativa, autenticado pela autoridade competente, indicará obrigatoriamente:

(*) Vide Súmula 392 do STJ.

I – o nome do devedor e, sendo caso, o dos corresponsáveis, bem como, sempre que possível, o domicílio ou a residência de um e de outros;

II – a quantia devida e a maneira de calcular os juros de mora acrescidos;

III – a origem e natureza do crédito, mencionada especificamente a disposição da lei em que seja fundado;

IV – a data em que foi inscrita;

V – sendo caso, o número do processo administrativo de que se originar o crédito.

Parágrafo único. A certidão conterá, além dos requisitos deste artigo, a indicação do livro e da folha da inscrição.

**Art. 203.** A omissão de quaisquer dos requisitos previstos no artigo anterior, ou o erro a eles relativo, são causas de nulidade da inscrição e do processo de cobrança dela decorrente, mas a nulidade poderá ser sanada até a decisão de primeira instância, mediante substituição da certidão nula, devolvido ao sujeito passivo, acusado ou interessado o prazo para defesa, que somente poderá versar sobre a parte modificada.

**Art. 204.** A dívida regularmente inscrita goza da presunção de certeza e liquidez e tem o efeito de prova pré-constituída.

Parágrafo único. A presunção a que se refere este artigo é relativa e pode ser ilidida por prova inequívoca, a cargo do sujeito passivo ou do terceiro a que aproveite.

## Capítulo III
### CERTIDÕES NEGATIVAS

**Art. 205.** A lei poderá exigir que a prova da quitação de determinado tributo, quando exigível, seja feita por certidão negativa, expedida à vista de requerimento do interessado, que contenha todas as informações necessárias à identificação de sua pessoa, domicílio fiscal e ramo de negócio ou atividade e indique o período a que se refere o pedido.

Parágrafo único. A certidão negativa será sempre expedida nos termos em que tenha sido requerida e será fornecida dentro de 10 (dez) dias da data da entrada do requerimento na repartição.

(*) V. art. 191-A do CTN.
(*) Vide Súmula 446 do STJ.

**Art. 206.** Tem os mesmos efeitos previstos no artigo anterior a certidão de que conste a existência de créditos não vencidos, em curso de cobrança executiva em que tenha sido efetivada a penhora, ou cuja exigibilidade esteja suspensa.

(*) V. art. 191-A do CTN.

**Art. 207.** Independentemente de disposição legal permissiva, será dispensada a prova de quitação de tributos, ou o seu suprimento, quando se tratar de prática de ato indispensável para evitar a caducidade de direito, respondendo, porém, todos os participantes no ato pelo tributo porventura devido, juros de mora e penalidades cabíveis, exceto as relativas a infrações cuja responsabilidade seja pessoal ao infrator.

**Art. 208.** A certidão negativa expedida com dolo ou fraude, que contenha erro contra a Fazenda Pública, responsabiliza pessoalmente o funcionário que a expedir, pelo crédito tributário e juros de mora acrescidos.

Parágrafo único. O disposto neste artigo não exclui a responsabilidade criminal e funcional que no caso couber.

## DISPOSIÇÕES FINAIS E TRANSITÓRIAS

**Art. 209.** A expressão "Fazenda Pública", quando empregada nesta Lei sem qualificação, abrange a Fazenda Pública da União, dos Estados, do Distrito Federal e dos Municípios.

**Art. 210.** Os prazos fixados nesta Lei ou legislação tributária serão contínuos, excluindo-se na sua contagem o dia de início e incluindo-se o de vencimento.

Parágrafo único. Os prazos só se iniciam ou vencem em dia de expediente normal na repartição em que corra o processo ou deva ser praticado o ato.

**Art. 211.** Incumbe ao Conselho Técnico de Economia e Finanças, do Ministério da Fazenda, prestar assistência técnica aos governos estaduais e municipais, com o objetivo de assegurar a uniforme aplicação da presente Lei.

**Art. 212.** Os Poderes Executivos federal, estaduais e municipais expedirão, por decreto, dentro de 90 (noventa) dias da entrada em vigor desta Lei, a consolidação, em texto único, da legislação vigente, relativa a cada um dos tributos, repetindo-se esta providência até o dia 31 de janeiro de cada ano.

**Art. 213.** Os Estados pertencentes a uma mesma região geoeconômica celebrarão entre si convênios para o estabelecimento de alíquota uniforme para o imposto a que se refere o art. 52*.

♦ O art. 52 foi revogado pelo Decreto-Lei nº 404/1968.

Parágrafo único. Os Municípios de um mesmo Estado procederão igualmente, no que se refere à fixação da alíquota de que trata o art. 60*.

♦ O art. 60 foi revogado pelo Ato Complementar nº 31/1966.

**Art. 214.** O Poder Executivo promoverá a realização de convênios com os Estados, para excluir ou limitar a incidência do imposto sobre operações relativas à circulação de mercadorias, no caso de exportação para o exterior.

**Art. 215.** A lei estadual pode autorizar o Poder Executivo a reajustar, no exercício de 1967, a alíquota de imposto a que se refere o art. 52*, dentro de limites e segundo critérios por ela estabelecidos.

♦ O art. 52 foi revogado pelo Decreto-Lei nº 404/1968.

**Art. 216.** O Poder Executivo proporá as medidas legislativas adequadas a possibilitar, sem compressão dos investimentos previstos na proposta orçamentária de 1967, o cumprimento do disposto no art. 21 da Emenda Constitucional nº 18, de 1965.

**Art. 217.** As disposições desta Lei, notadamente as dos arts. 17, 74, § 2º, e 77, parágrafo único, bem como a do art. 54 da Lei nº 5.025, de 10 de junho de 1966, não excluem a incidência e a exigibilidade:

I – da "contribuição sindical", denominação que passa a ter o imposto sindical de que tratam os arts. 578 e seguintes, da Consolidação das Leis do Trabalho, sem prejuízo do disposto no art. 16 da Lei nº 4.589, de 11 de dezembro de 1964;

DISPOSIÇÕES FINAIS E TRANSITÓRIAS **ART. 218**

II – das denominadas "quotas de previdência" a que aludem os arts. 71 e 74 da Lei nº 3.807, de 26 de agosto de 1960 com as alterações determinadas pelo art. 34 da Lei nº 4.863, de 29 de novembro de 1965, que integram a contribuição da União para a previdência social, de que trata o art. 157, item XVI, da Constituição Federal♦;

♦ Constituição dos Estados Unidos do Brasil/1946. Vide art. 201 da CF/1988.

III – da contribuição destinada a constituir o "Fundo de Assistência" e "Previdência do Trabalhador Rural", de que trata o art. 158 da Lei nº 4.214, de 2 de março de 1963;

IV – da contribuição destinada ao Fundo de Garantia do Tempo de Serviço, criada pelo art. 2º da Lei nº 5.107, de 13 de setembro de 1966;

V – das contribuições enumeradas no § 2º do art. 34 da Lei nº 4.863, de 29 de novembro de 1965, com as alterações decorrentes do disposto nos arts. 22 e 23 da Lei nº 5.107, de 13 de setembro de 1966, e outras de fins sociais criadas por lei.

(*) Art. 217 acrescido pelo Decreto-Lei nº 27/1966.

**Art. 218.** Esta Lei entrará em vigor, em todo o território nacional, no dia 1º de janeiro de 1967, revogadas as disposições em contrário, especialmente a Lei nº 854, de 10 de outubro de 1949.

(*) Art. 218, primitivo art. 217, renumerado pelo Decreto-Lei nº 27/1966.

Brasília, 25 de outubro de 1966; 145º da Independência e 78º da República.

*H. Castello Branco*

*DOU de 27.10.1966 – Retificação DOU de 31.10.1966*

# ANEXOS

## ANEXO I
## NORMAS COMPLEMENTARES

## LEIS

### LEI COMPLEMENTAR Nº 24, DE 7 DE JANEIRO DE 1975
[Arts. 176 a 179 do CTN]

*Dispõe sobre os convênios para a concessão de isenções do imposto sobre operações relativas à circulação de mercadorias, e dá outras providências.*

O Presidente da República,

Faço saber que o Congresso Nacional decreta e eu sanciono a seguinte Lei Complementar:

**Art. 1º.** As isenções do imposto sobre operações relativas à circulação de mercadorias serão concedidas ou revogadas nos termos de convênios celebrados e ratificados pelos Estados e pelo Distrito Federal, segundo esta Lei.

Parágrafo único. O disposto neste artigo também se aplica:

I – à redução da base de cálculo;

II – à devolução total ou parcial, direta ou indireta, condicionada ou não, do tributo, ao contribuinte, a responsável ou a terceiros;

III – à concessão de créditos presumidos;

IV – à quaisquer outros incentivos ou favores fiscais ou financeiro-fiscais, concedidos com base no Imposto de Circulação de Mercadorias, dos quais resulte redução ou eliminação, direta ou indireta, do respectivo ônus;

V – às prorrogações e às extensões das isenções vigentes nesta data.

**Art. 2º.** Os convênios a que alude o art. 1º, serão celebrados em reuniões para as quais tenham sido convocados representantes de todos os Estados e do Distrito Federal, sob a presidência de representantes do Governo federal.

§ 1º. As reuniões se realizarão com a presença de representantes da maioria das Unidades da Federação.

§ 2º. A concessão de benefícios dependerá sempre de decisão unânime dos Estados representados; a sua revogação total ou parcial dependerá de aprovação de 4/5 (quatro quintos), pelo menos, dos representantes presentes.

§ 3º. Dentro de 10 (dez) dias, contados da data final da reunião a que

## ANEXOS

se refere este artigo, a resolução nela adotada será publicada no *Diário Oficial da União*.

**Art. 3º.** Os convênios podem dispor que a aplicação de qualquer de suas cláusulas seja limitada a uma ou a algumas Unidades da Federação.

**Art. 4º.** Dentro do prazo de 15 (quinze) dias contados da publicação dos convênios no *Diário Oficial da União*, e independentemente de qualquer outra comunicação, o Poder Executivo de cada Unidade da Federação publicará decreto ratificando ou não os convênios celebrados, considerando-se ratificação tácita dos convênios a falta de manifestação no prazo assinalado neste artigo.

§ 1º. O disposto neste artigo aplica-se também às Unidades da Federação cujos representantes não tenham comparecido à reunião em que hajam sido celebrados os convênios.

§ 2º. Considerar-se-á rejeitado o convênio que não for expressa ou tacitamente ratificado pelo Poder Executivo de todas as Unidades da Federação ou, nos casos de revogação a que se refere o art. 2º, § 2º, desta Lei, pelo Poder Executivo de, no mínimo, 4/5 (quatro quintos) das Unidades da Federação.

**Art. 5º.** Até 10 (dez) dias depois de findo o prazo de ratificação dos convênios, promover-se-á, segundo o disposto em Regimento, a publicação relativa à ratificação ou à rejeição no *Diário Oficial da União*.

**Art. 6º.** Os convênios entrarão em vigor no trigésimo dia após a publicação a que se refere o art. 5º, salvo disposição em contrário.

**Art. 7º.** Os convênios ratificados obrigam todas as Unidades da Federação inclusive as que, regularmente convocadas, não se tenham feito representar na reunião.

**Art. 8º.** A inobservância dos dispositivos desta Lei acarretará, cumulativamente:

I – a nulidade do ato e a ineficácia do crédito fiscal atribuído ao estabelecimento recebedor da mercadoria;

II – a exigibilidade do imposto não pago ou devolvido e a ineficácia da lei ou ato que conceda remissão do débito correspondente.

Parágrafo único. As sanções previstas neste artigo poder-se-ão acrescer a presunção de irregularidade das contas correspondentes ao exercício, a juízo do Tribunal de Contas da União, e a suspensão do pagamento das quotas referentes ao Fundo de Participação, ao Fundo Especial e aos impostos referidos nos itens VIII e IX do art. 21 da Constituição Federal♦.

♦ Refere-se à EC nº 1/1969, sem correspondência literal com o art. 145 da CF/1988.

**Art. 9º.** É vedado aos Municípios, sob pena das sanções previstas no artigo anterior, concederem qualquer dos benefícios relacionados no art. 1º no que se refere à sua parcela na receita do imposto de circulação de mercadorias.

**Art. 10.** Os convênios definirão as condições gerais em que se poderão conceder, unilateralmente, anistia, remissão, transação, moratória, parcelamento de débitos fiscais e ampliação do prazo de recolhimento do imposto de circulação de mercadorias.

**Art. 11.** O Regimento das reuniões de representantes das Unidades da Federação será aprovado em convênio.

**Art. 12.** São mantidos os benefícios fiscais decorrentes de convênios regionais e nacionais vigentes à data

## ANEXO I – NORMAS COMPLEMENTARES

desta Lei, até que revogados ou alterados por outro.

§ 1º. Continuam em vigor os benefícios fiscais ressalvados pelo § 6º do art. 3º do Decreto-Lei nº 406, de 31 de dezembro de 1968, com a redação que lhe deu o art. 5º do Decreto-Lei nº 834, de 8 de setembro de 1969, até o vencimento do prazo ou cumprimento das condições correspondentes.

§ 2º. Quaisquer outros benefícios fiscais concedidos pela legislação estadual considerar-se-ão revogados se não forem convalidados pelo primeiro convênio que se realizar na forma desta Lei, ressalvados os concedidos por prazo certo e em função de determinadas condições que já tenham sido incorporadas ao patrimônio jurídico de contribuinte. O prazo para a celebração deste convênio será de 90 (noventa) dias a contar da data da publicação desta Lei.

§ 3º. A convalidação de que trata o parágrafo anterior se fará pela aprovação de 2/3 (dois terços) dos representantes presentes, observando-se, na respectiva ratificação, este quorum e o mesmo processo do disposto no art. 4º.

**Art. 13.** O art. 178 do Código Tributário Nacional (Lei nº 5.172, de 25 de outubro de 1966), passa a vigorar com a seguinte redação:

(*) Alteração já efetuada no corpo da Lei.

**Art. 14.** Sairão com suspensão do Imposto de Circulação de Mercadorias:

I – as mercadorias remetidas pelo estabelecimento do produtor para estabelecimento de Cooperativa de que faça parte, situada no mesmo Estado;

II – as mercadorias remetidas pelo estabelecimento de Cooperativa de Produtores, para estabelecimento, no mesmo Estado, da própria Cooperativa, de Cooperativa Central ou de Federação de Cooperativas de que a Cooperativa remetente faça parte.

§ 1º. O imposto devido pelas saídas mencionadas nos incisos I e II será recolhido pelo destinatário quando da saída subsequente, esteja esta sujeita ou não ao pagamento do tributo.

§ 2º. Ficam revogados os incisos IX e X do art. 1º da Lei Complementar nº 4, de 2 de dezembro de 1969.

**Art. 15.** O disposto nesta Lei não se aplica às indústrias instaladas ou que vierem a instalar-se na Zona Franca de Manaus, sendo vedado às demais Unidades da Federação determinar a exclusão de incentivo fiscal, prêmio ou estímulo concedido pelo Estado do Amazonas.

**Art. 16.** Esta Lei entrará em vigor na data de sua publicação, revogadas as disposições em contrário.

Brasília, em 7 de janeiro de 1975; 154º da Independência e 87º da República.

*Ernesto Geisel*
*DOU de 9.1.1975*

## LEI COMPLEMENTAR Nº 59, DE 22 DE DEZEMBRO DE 1988

*Dá nova redação ao § 3º do art. 91 da Lei nº 5.172, de 25 de outubro de 1966 (Código Tributário Nacional).*

O Presidente da República,

Faço saber que o Congresso Nacional decreta e eu sanciono a seguinte Lei Complementar:

**Art. 1º.** O § 3º do art. 91 da Lei nº 5.172, de 25 de outubro de 1966, com a redação estabelecida pelo Ato Complementar nº 35, de 28 de fevereiro de 1967, passa a vigorar com a seguinte redação:

(*) Alteração já efetuada no corpo da Lei.

**Art. 2º.** Esta Lei Complementar entra em vigor na data de sua publicação.

**Art. 3º.** Revogam-se as disposições em contrário.

Brasília, 22 de dezembro de 1988; 167º da Independência e 100º da República.

*José Sarney*
*DOU de 23.12.1988*

## LEI COMPLEMENTAR Nº 87, DE 13 DE SETEMBRO DE 1996

[Arts. 52 a 58 do CTN, revogados]

(*) Atualizada até as alterações mais recentes, promovidas pela Lei Complementar nº 190, de 4.1.2022.

(*) Vide Súmulas 536, 569, 572 a 574, 576, 578 e 579 do STF.

(*) Vide Súmulas Vinculantes 32 e 48 do STF.

(*) Vide Súmulas 95, 129, 640 e 649 do STJ.

*Dispõe sobre o imposto dos Estados e do Distrito Federal sobre operações relativas à circulação de mercadorias e sobre prestações de serviços de transporte interestadual e intermunicipal e de comunicação, e dá outras providências. (LEI KANDIR)*

O Presidente da República,

Faço saber que o Congresso Nacional decreta e eu sanciono a seguinte Lei:

**Art. 1º.** Compete aos Estados e ao Distrito Federal instituir o imposto sobre operações relativas à circulação de mercadorias e sobre prestações de serviços de transporte interestadual e intermunicipal e de comunicação, ainda que as operações e as prestações se iniciem no exterior.

(*) Vide Súmula 334 do STJ.

**Art. 2º.** O imposto incide sobre:

I – operações relativas à circulação de mercadorias, inclusive o fornecimento de alimentação e bebidas em bares, restaurantes e estabelecimentos similares;

II – prestações de serviços de transporte interestadual e intermunicipal, por qualquer via, de pessoas, bens, mercadorias ou valores;

III – prestações onerosas de serviços de comunicação, por qualquer meio, inclusive a geração, a emissão, a recepção, a transmissão, a retransmissão, a repetição e a ampliação de comunicação de qualquer natureza;

IV – fornecimento de mercadorias com prestação de serviços não compreendidos na competência tributária dos Municípios;

V – fornecimento de mercadorias com prestação de serviços sujeitos ao imposto sobre serviços, de competência dos Municípios, quando a lei complementar aplicável expressamente o sujeitar à incidência do imposto estadual.

§ 1º. O imposto incide também:

I – sobre a entrada de mercadoria ou bem importados do exterior, por pessoa física ou jurídica, ainda que não seja contribuinte habitual do imposto, qualquer que seja a sua finalidade;

(*) Inciso I com redação dada pela Lei Complementar nº 114/2002.

II – sobre o serviço prestado no exterior ou cuja prestação se tenha iniciado no exterior;

III – sobre a entrada, no território do Estado destinatário, de petróleo, inclusive lubrificantes e combustíveis líquidos e gasosos dele derivados, e de energia elétrica, quando não destinados à comercialização ou à industrialização, decorrentes de operações interestaduais, cabendo o imposto ao Estado onde estiver localizado o adquirente.

ANEXO I – NORMAS COMPLEMENTARES

§ 2º. A caracterização do fato gerador independe da natureza jurídica da operação que o constitua.

**Art. 3º.** O imposto não incide sobre:

I – operações com livros, jornais, periódicos e o papel destinado a sua impressão;

(*) Vide Súmula Vinculante 57 do STF.

II – operações e prestações que destinem ao exterior mercadorias, inclusive produtos primários e produtos industrializados semielaborados, ou serviços;

(*) Vide Lei Complementar nº 102/2000.

III – operações interestaduais relativas a energia elétrica e petróleo, inclusive lubrificantes e combustíveis líquidos e gasosos dele derivados, quando destinados à industrialização ou à comercialização;

IV – operações com ouro, quando definido em lei como ativo financeiro ou instrumento cambial;

V – operações relativas a mercadorias que tenham sido ou que se destinem a ser utilizadas na prestação, pelo próprio autor da saída, de serviço de qualquer natureza definido em lei complementar como sujeito ao imposto sobre serviços, de competência dos Municípios, ressalvadas as hipóteses previstas na mesma lei complementar;

VI – operações de qualquer natureza de que decorra a transferência de propriedade de estabelecimento industrial, comercial ou de outra espécie;

VII – operações decorrentes de alienação fiduciária em garantia, inclusive a operação efetuada pelo credor em decorrência do inadimplemento do devedor;

VIII – operações de arrendamento mercantil, não compreendida a venda do bem arrendado ao arrendatário;

IX – operações de qualquer natureza de que decorra a transferência de bens móveis salvados de sinistro para companhias seguradoras.

Parágrafo único. Equipara-se às operações de que trata o inciso II a saída de mercadoria realizada com o fim específico de exportação para o exterior, destinada a:

I – empresa comercial exportadora, inclusive *tradings* ou outro estabelecimento da mesma empresa;

II – armazém alfandegado ou entreposto aduaneiro.

**Art. 4º.** Contribuinte é qualquer pessoa, física ou jurídica, que realize, com habitualidade ou em volume que caracterize intuito comercial, operações de circulação de mercadoria ou prestações de serviços de transporte interestadual e intermunicipal e de comunicação, ainda que as operações e as prestações se iniciem no exterior.

§ 1º. É também contribuinte a pessoa física ou jurídica que, mesmo sem habitualidade ou intuito comercial:

(*) § 1º, primitivo parágrafo único, *caput*, com redação dada pela Lei Complementar nº 114/2002 e renumerado pela Lei Complementar nº 190/2022.

I – importe mercadorias ou bens do exterior, qualquer que seja a sua finalidade;

(*) Inciso I com redação dada pela Lei Complementar nº 114/2002.

II – seja destinatária de serviço prestado no exterior ou cuja prestação se tenha iniciado no exterior;

III – adquira em licitação mercadorias ou bens apreendidos ou abandonados;

(*) Inciso III com redação dada pela Lei Complementar nº 114/2002.

IV – adquira lubrificantes e combustíveis líquidos e gasosos derivados de petróleo e energia elétrica oriundos de outro Estado, quando não destinados à comercialização ou à industrialização.

(*) Inciso IV com redação dada pela Lei Complementar nº 102/2000.

§ 2º. É ainda contribuinte do imposto nas operações ou prestações que destinem mercadorias, bens e serviços a consumidor final domiciliado ou estabelecido em outro Estado, em relação à diferença entre a alíquota interna do Estado de destino e a alíquota interestadual:

I – o destinatário da mercadoria, bem ou serviço, na hipótese de contribuinte do imposto;

II – o remetente da mercadoria ou bem ou o prestador de serviço, na hipótese de o destinatário não ser contribuinte do imposto.

(*) § 2º acrescido pela Lei Complementar nº 190/2022*.

♦ **Produção de efeitos**: vide art. 3º da Lei Complementar nº 190/2022: "*Art. 3º. Esta Lei Complementar entra em vigor na data de sua publicação, observado, quanto à produção de efeitos, o disposto na alínea "c" do inciso III do caput do art. 150 da Constituição Federal.*".

**Art. 5º.** Lei poderá atribuir a terceiros a responsabilidade pelo pagamento do imposto e acréscimos devidos pelo contribuinte ou responsável, quando os atos ou omissões daqueles concorrerem para o não recolhimento do tributo.

**Art. 6º.** Lei estadual poderá atribuir a contribuinte do imposto ou a depositário a qualquer título a responsabilidade pelo seu pagamento, hipótese em que assumirá a condição de substituto tributário.

(*) Art. 6º, *caput*, com redação dada pela Lei Complementar nº 114/2002.

§ 1º. A responsabilidade poderá ser atribuída em relação ao imposto incidente sobre uma ou mais operações ou prestações, sejam antecedentes, concomitantes ou subsequentes, inclusive ao valor decorrente da diferença entre alíquotas interna e interestadual nas operações e prestações que destinem bens e serviços a consumidor final localizado em outro Estado, que seja contribuinte do imposto.

§ 2º. A atribuição de responsabilidade dar-se-á em relação a mercadorias, bens ou serviços previstos em lei de cada Estado.

(*) § 2º com redação dada pela Lei Complementar nº 114/2002.

**Art. 7º.** Para efeito de exigência do imposto por substituição tributária, inclui-se, também, como fato gerador do imposto, a entrada de mercadoria ou bem no estabelecimento do adquirente ou em outro por ele indicado.

**Art. 8º.** A base de cálculo, para fins de substituição tributária, será:

I – em relação às operações ou prestações antecedentes ou concomitantes, o valor da operação ou prestação praticado pelo contribuinte substituído;

II – em relação às operações ou prestações subsequentes, obtida pelo somatório das parcelas seguintes:

a) o valor da operação ou prestação própria realizada pelo substituto tributário ou pelo substituído intermediário;

b) o montante dos valores de seguro, de frete e de outros encargos cobrados ou transferíveis aos adquirentes ou tomadores de serviço;

c) a margem de valor agregado, inclusive lucro, relativa às operações ou prestações subsequentes.

§ 1º. Na hipótese de responsabilidade tributária em relação às operações ou prestações antecedentes, o imposto devido pelas referidas ope-

ANEXO I – NORMAS COMPLEMENTARES

rações ou prestações será pago pelo responsável, quando:

I – da entrada ou recebimento da mercadoria, do bem ou do serviço;

(*) Inciso I com redação dada pela Lei Complementar nº 114/2002.

II – da saída subsequente por ele promovida, ainda que isenta ou não tributada;

III – ocorrer qualquer saída ou evento que impossibilite a ocorrência do fato determinante do pagamento do imposto.

§ 2º. Tratando-se de mercadoria ou serviço cujo preço final a consumidor, único ou máximo, seja fixado por órgão público competente, a base de cálculo do imposto, para fins de substituição tributária, é o referido preço por ele estabelecido.

§ 3º. Existindo preço final a consumidor sugerido pelo fabricante ou importador, poderá a lei estabelecer como base de cálculo este preço.

§ 4º. A margem a que se refere a alínea "c" do inciso II do *caput* será estabelecida com base em preços usualmente praticados no mercado considerado, obtidos por levantamento, ainda que por amostragem ou através de informações e outros elementos fornecidos por entidades representativas dos respectivos setores, adotando-se a média ponderada dos preços coletados, devendo os critérios para sua fixação ser previstos em lei.

§ 5º. O imposto a ser pago por substituição tributária, na hipótese do inciso II do *caput*, corresponderá à diferença entre o valor resultante da aplicação da alíquota prevista para as operações ou prestações internas do Estado de destino sobre a respectiva base de cálculo e o valor do imposto devido pela operação ou prestação própria do substituto.

§ 6º. Em substituição ao disposto no inciso II do *caput*, a base de cálculo em relação às operações ou prestações subsequentes poderá ser o preço a consumidor final usualmente praticado no mercado considerado, relativamente ao serviço, à mercadoria ou sua similar, em condições de livre concorrência, adotando-se para sua apuração as regras estabelecidas no § 4º deste artigo.

(*) § 6º acrescido pela Lei Complementar nº 114/2002.

**Art. 9º.** A adoção do regime de substituição tributária em operações interestaduais dependerá de acordo específico celebrado pelos Estados interessados.

§ 1º. A responsabilidade a que se refere o art. 6º poderá ser atribuída:

I – ao contribuinte que realizar operação interestadual com petróleo, inclusive lubrificantes, combustíveis líquidos e gasosos dele derivados, em relação às operações subsequentes;

II – às empresas geradoras ou distribuidoras de energia elétrica, nas operações internas e interestaduais, na condição de contribuinte ou de substituto tributário, pelo pagamento do imposto, desde a produção ou importação até a última operação, sendo seu cálculo efetuado sobre o preço praticado na operação final, assegurado seu recolhimento ao Estado onde deva ocorrer essa operação.

§ 2º. Nas operações interestaduais com as mercadorias de que tratam os incisos I e II do parágrafo anterior, que tenham como destinatário consumidor final, o imposto incidente na operação será devido ao Estado onde estiver localizado o adquirente e será pago pelo remetente.

**Art. 10.** É assegurado ao contribuinte substituído o direito à restituição do valor do imposto pago por força da substituição tributária, correspondente ao fato gerador presumido que não se realizar.

§ 1º. Formulado o pedido de restituição e não havendo deliberação no prazo de 90 (noventa) dias, o contribuinte substituído poderá se creditar, em sua escrita fiscal, do valor objeto do pedido, devidamente atualizado segundo os mesmos critérios aplicáveis ao tributo.

§ 2º. Na hipótese do parágrafo anterior, sobrevindo decisão contrária irrecorrível, o contribuinte substituído, no prazo de 15 (quinze) dias da respectiva notificação, procederá ao estorno dos créditos lançados, também devidamente atualizados, com o pagamento dos acréscimos legais cabíveis.

**Art. 11.** O local da operação ou da prestação, para os efeitos da cobrança do imposto e definição do estabelecimento responsável, é:

I – tratando-se de mercadoria ou bem:

a) o do estabelecimento onde se encontre, no momento da ocorrência do fato gerador;

b) onde se encontre, quando em situação irregular pela falta de documentação fiscal ou quando acompanhado de documentação inidônea, como dispuser a legislação tributária;

c) o do estabelecimento que transfira a propriedade, ou o título que a represente, de mercadoria por ele adquirida no País e que por ele não tenha transitado;

(*) Vide arts. 5º, XXII e XXIII; e 170, II e III, da CF/1988.

d) importado do exterior, o do estabelecimento onde ocorrer a entrada física;

e) importado do exterior, o do domicílio do adquirente, quando não estabelecido;

f) aquele onde seja realizada a licitação, no caso de arrematação de mercadoria ou bem importados do exterior e apreendidos ou abandonados;

(*) Alínea "f" com redação dada pela Lei Complementar nº 114/2002.

g) o do Estado onde estiver localizado o adquirente, inclusive consumidor final, nas operações interestaduais com energia elétrica e petróleo, lubrificantes e combustíveis dele derivados, quando não destinados à industrialização ou à comercialização;

h) o do Estado de onde o ouro tenha sido extraído, quando não considerado como ativo financeiro ou instrumento cambial;

i) o de desembarque do produto, na hipótese de captura de peixes, crustáceos e moluscos;

II – tratando-se de prestação de serviço de transporte:

a) onde tenha início a prestação;

b) onde se encontre o transportador, quando em situação irregular pela falta de documentação fiscal ou quando acompanhada de documentação inidônea, como dispuser a legislação tributária;

c) (revogada);

(*) Alínea "c" revogada pela Lei Complementar nº 190/2022♦.

♦ **Produção de efeitos:** vide art. 3º da Lei Complementar nº 190/2022: "***Art. 3º.*** *Esta Lei Complementar entra em vigor na data de sua publicação, observado, quanto à produção de efeitos, o disposto na alínea "c" do inciso III do caput do art. 150 da Constituição Federal.*".

III – tratando-se de prestação onerosa de serviço de comunicação:

a) o da prestação do serviço de radiodifusão sonora e de som e imagem, assim entendido o da geração, emissão, transmissão e retransmissão, repetição, ampliação e recepção;

b) o do estabelecimento da concessionária ou da permissionária que

## ANEXO I – NORMAS COMPLEMENTARES

forneça ficha, cartão, ou assemelhados com que o serviço é pago;

c) o do estabelecimento destinatário do serviço, na hipótese e para os efeitos do inciso XIII do art. 12;

c-1) o do estabelecimento ou domicílio do tomador do serviço, quando prestado por meio de satélite;

(*) Alínea "c-1" acrescida pela Lei Complementar nº 102/2000.

d) onde seja cobrado o serviço, nos demais casos;

IV – tratando-se de serviços prestados ou iniciados no exterior, o do estabelecimento ou do domicílio do destinatário.

V – tratando-se de operações ou prestações interestaduais destinadas a consumidor final, em relação à diferença entre a alíquota interna do Estado de destino e a alíquota interestadual:

a) o do estabelecimento do destinatário, quando o destinatário ou o tomador for contribuinte do imposto;

b) o do estabelecimento do remetente ou onde tiver início a prestação, quando o destinatário ou tomador não for contribuinte do imposto.

(*) Inciso V acrescido pela Lei Complementar nº 190/2022♦.

♦ **Produção de efeitos:** vide art. 3º da Lei Complementar nº 190/2022: "*Art. 3º. Esta Lei Complementar entra em vigor na data de sua publicação, observado, quanto à produção de efeitos, o disposto na alínea "c" do inciso III do caput do art. 150 da Constituição Federal.*".

§ 1º. O disposto na alínea "c" do inciso I não se aplica às mercadorias recebidas em regime de depósito de contribuinte de Estado que não o do depositário.

§ 2º. Para os efeitos da alínea "h" do inciso I, o ouro, quando definido como ativo financeiro ou instrumento cambial, deve ter sua origem identificada.

§ 3º. Para efeito desta Lei Complementar, estabelecimento é o local, privado ou público, edificado ou não, próprio ou de terceiro, onde pessoas físicas ou jurídicas exerçam suas atividades em caráter temporário ou permanente, bem como onde se encontrem armazenadas mercadorias, observado, ainda, o seguinte:

I – na impossibilidade de determinação do estabelecimento, considera-se como tal o local em que tenha sido efetuada a operação ou prestação, encontrada a mercadoria ou constatada a prestação;

II – é autônomo cada estabelecimento do mesmo titular;

(*) ADC 49 do STF: Declarada a inconstitucionalidade dos artigos 11, § 3º, II, 12, I, no trecho "ainda que para outro estabelecimento do mesmo titular", e 13, § 4º, da Lei Complementar Federal nº 87, de 13 de setembro de 1996, com eficácia pró-futuro a partir do próximo exercício financeiro. (Plenário, Sessão Virtual de 3.9.2021 a 14.9.2021)

III – considera-se também estabelecimento autônomo o veículo usado no comércio ambulante e na captura de pescado;

IV – respondem pelo crédito tributário todos os estabelecimentos do mesmo titular.

§ 4º. (Vetado).

§ 5º. Quando a mercadoria for remetida para armazém geral ou para depósito fechado do próprio contribuinte, no mesmo Estado, a posterior saída considerar-se-á ocorrida no estabelecimento do depositante, salvo se para retornar ao estabelecimento remetente.

§ 6º. Na hipótese do inciso III do *caput* deste artigo, tratando-se de serviços não medidos, que envolvam localidades situadas em diferentes unidades da Federação e cujo preço seja cobrado por períodos definidos, o imposto devido será recolhido em partes iguais para as unidades da Federação onde estiverem localizados o prestador e o tomador.

(*) § 6º acrescido pela Lei Complementar nº 102/2000.

§ 7º. Na hipótese da alínea "b" do inciso V do *caput* deste artigo, quando o destino final da mercadoria, bem ou serviço ocorrer em Estado diferente daquele em que estiver domiciliado ou estabelecido o adquirente ou o tomador, o imposto correspondente à diferença entre a alíquota interna e a interestadual será devido ao Estado no qual efetivamente ocorrer a entrada física da mercadoria ou bem ou o fim da prestação do serviço.

(*) § 7º acrescido pela Lei Complementar nº 190/2022♦.

♦ **Produção de efeitos:** vide art. 3º da Lei Complementar nº 190/2022: "***Art. 3º****. Esta Lei Complementar entra em vigor na data de sua publicação, observado, quanto à produção de efeitos, o disposto na alínea "c" do inciso III do caput do art. 150 da Constituição Federal.*".

§ 8º. Na hipótese de serviço de transporte interestadual de passageiros cujo tomador não seja contribuinte do imposto:

I – o passageiro será considerado o consumidor final do serviço, e o fato gerador considerar-se-á ocorrido no Estado referido nas alíneas "a" ou "b" do inciso II do *caput* deste artigo, conforme o caso, não se aplicando o disposto no inciso V do *caput* e no § 7º deste artigo; e

II – o destinatário do serviço considerar-se-á localizado no Estado da ocorrência do fato gerador, e a prestação ficará sujeita à tributação pela sua alíquota interna.

(*) § 8º acrescido pela Lei Complementar nº 190/2022♦.

♦ **Produção de efeitos:** vide art. 3º da Lei Complementar nº 190/2022: "***Art. 3º****. Esta Lei Complementar entra em vigor na data de sua publicação, observado, quanto à produção de efeitos, o disposto na alínea "c" do inciso III do caput do art. 150 da Constituição Federal.*".

**Art. 12.** Considera-se ocorrido o fato gerador do imposto no momento:

I – da saída de mercadoria de estabelecimento de contribuinte, ainda que para outro estabelecimento do mesmo titular;

(*) ADC 49 do STF: Declarada a inconstitucionalidade dos artigos 11, § 3º, II, 12, I, no trecho "ainda que para outro estabelecimento do mesmo titular", e 13, § 4º, da Lei Complementar Federal nº 87, de 13 de setembro de 1996, com eficácia pró-futuro a partir do próximo exercício financeiro. (Plenário, Sessão Virtual de 3.9.2021 a 14.9.2021)

II – do fornecimento de alimentação, bebidas e outras mercadorias por qualquer estabelecimento;

III – da transmissão a terceiro de mercadoria depositada em armazém geral ou em depósito fechado, no Estado do transmitente;

IV – da transmissão de propriedade de mercadoria, ou de título que a represente, quando a mercadoria não tiver transitado pelo estabelecimento transmitente;

(*) Vide arts. 5º, XXII e XXIII; e 170, II e III, da CF/1988.

V – do início da prestação de serviços de transporte interestadual e intermunicipal, de qualquer natureza;

VI – do ato final do transporte iniciado no exterior;

VII – das prestações onerosas de serviços de comunicação, feita por qualquer meio, inclusive a geração, a emissão, a recepção, a transmissão, a retransmissão, a repetição e a ampliação de comunicação de qualquer natureza;

VIII – do fornecimento de mercadoria com prestação de serviços:

a) não compreendidos na competência tributária dos Municípios;

b) compreendidos na competência tributária dos Municípios e com indicação expressa de incidência do imposto

## ANEXO I – NORMAS COMPLEMENTARES

de competência estadual, como definido na lei complementar aplicável;

IX – do desembaraço aduaneiro de mercadorias ou bens importados do exterior;

(*) Inciso IX com redação dada pela Lei Complementar nº 114/2002.

X – do recebimento, pelo destinatário, de serviço prestado no exterior;

XI – da aquisição em licitação pública de mercadorias ou bens importados do exterior e apreendidos ou abandonados;

(*) Inciso XI com redação dada pela Lei Complementar nº 114/2002.

XII – da entrada no território do Estado de lubrificantes e combustíveis líquidos e gasosos derivados de petróleo e energia elétrica oriundos de outro Estado, quando não destinados à comercialização ou à industrialização;

(*) Inciso XII com redação dada pela Lei Complementar nº 102/2000.

XIII – da utilização, por contribuinte, de serviço cuja prestação se tenha iniciado em outro Estado e não esteja vinculada a operação ou prestação subsequente.

XIV – do início da prestação de serviço de transporte interestadual, nas prestações não vinculadas a operação ou prestação subsequente, cujo tomador não seja contribuinte do imposto domiciliado ou estabelecido no Estado de destino;

(*) Inciso XIV acrescido pela Lei Complementar nº 190/2022*.

♦ **Produção de efeitos:** vide art. 3º da Lei Complementar nº 190/2022: "*Art. 3º. Esta Lei Complementar entra em vigor na data de sua publicação, observado, quanto à produção de efeitos, o disposto na alínea "c" do inciso III do caput do art. 150 da Constituição Federal.*".

XV – da entrada no território do Estado de bem ou mercadoria oriundos de outro Estado adquiridos por contribuinte do imposto e destinados ao seu uso ou consumo ou à integração ao seu ativo imobilizado;

(*) Inciso XV acrescido pela Lei Complementar nº 190/2022*.

♦ **Produção de efeitos:** vide art. 3º da Lei Complementar nº 190/2022: "*Art. 3º. Esta Lei Complementar entra em vigor na data de sua publicação, observado, quanto à produção de efeitos, o disposto na alínea "c" do inciso III do caput do art. 150 da Constituição Federal.*".

XVI – da saída, de estabelecimento de contribuinte, de bem ou mercadoria destinados a consumidor final não contribuinte do imposto domiciliado ou estabelecido em outro Estado.

(*) Inciso XVI acrescido pela Lei Complementar nº 190/2022*.

♦ **Produção de efeitos:** vide art. 3º da Lei Complementar nº 190/2022: "*Art. 3º. Esta Lei Complementar entra em vigor na data de sua publicação, observado, quanto à produção de efeitos, o disposto na alínea "c" do inciso III do caput do art. 150 da Constituição Federal.*".

§ 1º. Na hipótese do inciso VII, quando o serviço for prestado mediante pagamento em ficha, cartão ou assemelhados, considera-se ocorrido o fato gerador do imposto quando do fornecimento desses instrumentos ao usuário.

§ 2º. Na hipótese do inciso IX, após o desembaraço aduaneiro, a entrega, pelo depositário, de mercadoria ou bem importados do exterior deverá ser autorizada pelo órgão responsável pelo seu desembaraço, que somente se fará mediante a exibição do comprovante de pagamento do imposto incidente no ato do despacho aduaneiro, salvo disposição em contrário.

§ 3º. Na hipótese de entrega de mercadoria ou bem importados do exterior antes do desembaraço aduaneiro, considera-se ocorrido o fato gerador neste momento, devendo a autoridade responsável, salvo disposição em contrário, exigir a comprovação do pagamento do imposto.

(*) § 3º acrescido pela Lei Complementar nº 114/2002.

ANEXOS

**Art. 13.** A base de cálculo do imposto é:

I – na saída de mercadoria prevista nos incisos I, III e IV do art. 12, o valor da operação;

II – na hipótese do inciso II do art. 12, o valor da operação, compreendendo mercadoria e serviço;

III – na prestação de serviço de transporte interestadual e intermunicipal e de comunicação, o preço do serviço;

IV – no fornecimento de que trata o inciso VIII do art. 12;

a) o valor da operação, na hipótese da alínea "a";

b) o preço corrente da mercadoria fornecida ou empregada, na hipótese da alínea "b";

V – na hipótese do inciso IX do art. 12, a soma das seguintes parcelas:

a) o valor da mercadoria ou bem constante dos documentos de importação, observado o disposto no art. 14;

b) imposto de importação;

c) imposto sobre produtos industrializados;

d) imposto sobre operações de câmbio;

e) quaisquer outros impostos, taxas, contribuições e despesas aduaneiras;

(*) Alínea "e" com redação dada pela Lei Complementar nº 114/2002.

VI – na hipótese do inciso X do art. 12, o valor da prestação do serviço, acrescido, se for o caso, de todos os encargos relacionados com a sua utilização;

VII – no caso do inciso XI do art. 12, o valor da operação acrescido do valor dos impostos de importação e sobre produtos industrializados e de todas as despesas cobradas ou debitadas ao adquirente;

VIII – na hipótese do inciso XII do art. 12, o valor da operação de que decorrer a entrada;

IX – nas hipóteses dos incisos XIII e XV do *caput* do art. 12 desta Lei Complementar:

a) o valor da operação ou prestação no Estado de origem, para o cálculo do imposto devido a esse Estado;

b) o valor da operação ou prestação no Estado de destino, para o cálculo do imposto devido a esse Estado;

(*) Inciso IX com redação dada pela Lei Complementar nº 190/2022♦.

♦ **Produção de efeitos:** vide art. 3º da Lei Complementar nº 190/2022: "***Art. 3º.*** *Esta Lei Complementar entra em vigor na data de sua publicação, observado, quanto à produção de efeitos, o disposto na alínea "c" do inciso III do caput do art. 150 da Constituição Federal.*".

X – nas hipóteses dos incisos XIV e XVI do *caput* do art. 12 desta Lei Complementar, o valor da operação ou o preço do serviço, para o cálculo do imposto devido ao Estado de origem e ao de destino.

(*) Inciso X acrescido pela Lei Complementar nº 190/2022♦.

♦ **Produção de efeitos:** vide art. 3º da Lei Complementar nº 190/2022: "***Art. 3º.*** *Esta Lei Complementar entra em vigor na data de sua publicação, observado, quanto à produção de efeitos, o disposto na alínea "c" do inciso III do caput do art. 150 da Constituição Federal.*".

§ 1º. Integra a base de cálculo do imposto, inclusive nas hipóteses dos incisos V, IX e X do *caput* deste artigo:

(*) § 1º, *caput*, alterado pela Lei Complementar nº 114/2002 e com redação dada pela Lei Complementar nº 190/2022♦.

♦ **Produção de efeitos:** vide art. 3º da Lei Complementar nº 190/2022: "***Art. 3º.*** *Esta Lei Complementar entra em vigor na data de sua publicação, observado, quanto à produção de efeitos, o disposto na alínea "c" do inciso III do caput do art. 150 da Constituição Federal.*".

I – o montante do próprio imposto, constituindo o respectivo destaque mera indicação para fins de controle;

II – o valor correspondente a:

a) seguros, juros e demais importâncias pagas, recebidas ou debita-

## ANEXO I – NORMAS COMPLEMENTARES

das, bem como descontos concedidos sob condição;

b) frete, caso o transporte seja efetuado pelo próprio remetente ou por sua conta e ordem e seja cobrado em separado.

§ 2º. Não integra a base de cálculo do imposto o montante do Imposto sobre Produtos Industrializados, quando a operação, realizada entre contribuintes e relativa a produto destinado à industrialização ou à comercialização, configurar fato gerador de ambos os impostos.

§ 3º. No caso da alínea "b" do inciso IX e do inciso X do *caput* deste artigo, o imposto a pagar ao Estado de destino será o valor correspondente à diferença entre a alíquota interna do Estado de destino e a interestadual.

(*) § 3º com redação dada
pela Lei Complementar nº 190/2022♦.

♦ **Produção de efeitos:** vide art. 3º da Lei Complementar nº 190/2022: "***Art. 3º.*** *Esta Lei Complementar entra em vigor na data de sua publicação, observado, quanto à produção de efeitos, o disposto na alínea "c" do inciso III do caput do art. 150 da Constituição Federal.*".

§ 4º. Na saída de mercadoria para estabelecimento localizado em outro Estado, pertencente ao mesmo titular, a base de cálculo do imposto é:

I – o valor correspondente à entrada mais recente da mercadoria;

II – o custo da mercadoria produzida, assim entendida a soma do custo da matéria-prima, material secundário, mão de obra e acondicionamento;

III – tratando-se de mercadorias não industrializadas, o seu preço corrente no mercado atacadista do estabelecimento remetente.

(*) ADC 49 do STF: Declarada a inconstitucionalidade dos artigos 11, § 3º, II, 12, I, no trecho "ainda que para outro estabelecimento do mesmo titular", e 13, § 4º, da Lei Complementar Federal nº 87, de 13 de setembro de 1996, com eficácia pró-futuro a partir do próximo exercício financeiro. (Plenário, Sessão Virtual de 3.9.2021 a 14.9.2021)

§ 5º. Nas operações e prestações interestaduais entre estabelecimentos de contribuintes diferentes, caso haja reajuste do valor depois da remessa ou da prestação, a diferença fica sujeita ao imposto no estabelecimento do remetente ou do prestador.

§ 6º. Utilizar-se-á, para os efeitos do inciso IX do *caput* deste artigo:

I – a alíquota prevista para a operação ou prestação interestadual, para estabelecer a base de cálculo da operação ou prestação no Estado de origem;

II – a alíquota prevista para a operação ou prestação interna, para estabelecer a base de cálculo da operação ou prestação no Estado de destino.

(*) § 6º acrescido pela
Lei Complementar nº 190/2022♦.

♦ **Produção de efeitos:** vide art. 3º da Lei Complementar nº 190/2022: "***Art. 3º.*** *Esta Lei Complementar entra em vigor na data de sua publicação, observado, quanto à produção de efeitos, o disposto na alínea "c" do inciso III do caput do art. 150 da Constituição Federal.*".

§ 7º. Utilizar-se-á, para os efeitos do inciso X do *caput* deste artigo, a alíquota prevista para a operação ou prestação interna no Estado de destino para estabelecer a base de cálculo da operação ou prestação.

(*) § 7º acrescido pela
Lei Complementar nº 190/2022♦.

♦ **Produção de efeitos:** vide art. 3º da Lei Complementar nº 190/2022: "***Art. 3º.*** *Esta Lei Complementar entra em vigor na data de sua publicação, observado, quanto à produção de efeitos, o disposto na alínea "c" do inciso III do caput do art. 150 da Constituição Federal.*".

**Art. 14.** O preço de importação expresso em moeda estrangeira será convertido em moeda nacional pela mesma taxa de câmbio utilizada no cálculo do imposto de importação, sem qualquer acréscimo ou devolução posterior se houver variação da taxa de câmbio até o pagamento efetivo do preço.

Parágrafo único. O valor fixado pela autoridade aduaneira para base de cálculo do imposto de importação, nos termos da lei aplicável, substituirá o preço declarado.

**Art. 15.** Na falta do valor a que se referem os incisos I e VIII do art. 13, a base de cálculo do imposto é:

I – o preço corrente da mercadoria, ou de seu similar, no mercado atacadista do local da operação ou, na sua falta, no mercado atacadista regional, caso o remetente seja produtor, extrator ou gerador, inclusive de energia;

II – o preço FOB estabelecimento industrial à vista, caso o remetente seja industrial;

III – o preço FOB estabelecimento comercial à vista, na venda a outros comerciantes ou industriais, caso o remetente seja comerciante.

§ 1º. Para aplicação dos incisos II e III do *caput*, adotar-se-á sucessivamente:

I – o preço efetivamente cobrado pelo estabelecimento remetente na operação mais recente;

II – caso o remetente não tenha efetuado venda de mercadoria, o preço corrente da mercadoria ou de seu similar no mercado atacadista do local da operação ou, na falta deste, no mercado atacadista regional.

§ 2º. Na hipótese do inciso III do *caput*, se o estabelecimento remetente não efetue vendas a outros comerciantes ou industriais ou, em qualquer caso, se não houver mercadoria similar, a base de cálculo será equivalente a 75% (setenta e cinco por cento) do preço de venda corrente no varejo.

**Art. 16.** Nas prestações sem preço determinado, a base de cálculo do imposto é o valor corrente do serviço, no local da prestação.

**Art. 17.** Quando o valor do frete, cobrado por estabelecimento pertencente ao mesmo titular da mercadoria ou por outro estabelecimento de empresa que com aquele mantenha relação de interdependência, exceder os níveis normais de preços em vigor, no mercado local, para serviço semelhante, constantes de tabelas elaboradas pelos órgãos competentes, o valor excedente será havido como parte do preço da mercadoria.

Parágrafo único. Considerar-se-ão interdependentes duas empresas quando:

I – uma delas, por si, seus sócios ou acionistas, e respectivos cônjuges ou filhos menores, for titular de mais de 50% (cinquenta por cento) do capital da outra;

II – uma mesma pessoa fizer parte de ambas, na qualidade de diretor, ou sócio com funções de gerência, ainda que exercidas sob outra denominação;

III – uma delas locar ou transferir a outra, a qualquer título, veículo destinado ao transporte de mercadorias.

**Art. 18.** Quando o cálculo do tributo tenha por base, ou tome em consideração, o valor ou o preço de mercadorias, bens, serviços ou direitos, a autoridade lançadora, mediante processo regular, arbitrará aquele valor ou preço, sempre que sejam omissos ou não mereçam fé as declarações ou os esclarecimentos prestados, ou os documentos expedidos pelo sujeito passivo ou pelo terceiro legalmente obrigado, ressalvada, em caso de contestação, avaliação contraditória, administrativa ou judicial.

**Art. 19.** O imposto é não cumulativo, compensando-se o que for devido em cada operação relativa à circulação de mercadorias ou prestação de serviços de transporte interestadual e intermunicipal e de comunicação com o montante cobrado nas anteriores pelo mesmo ou por outro Estado.

ANEXO I – NORMAS COMPLEMENTARES

**Art. 20.** Para a compensação a que se refere o artigo anterior, é assegurado ao sujeito passivo o direito de creditar-se do imposto anteriormente cobrado em operações de que tenha resultado a entrada de mercadoria, real ou simbólica, no estabelecimento, inclusive a destinada ao seu uso ou consumo ou ao ativo permanente, ou o recebimento de serviços de transporte interestadual e intermunicipal ou de comunicação.

§ 1º. Não dão direito a crédito as entradas de mercadorias ou utilização de serviços resultantes de operações ou prestações isentas ou não tributadas, ou que se refiram a mercadorias ou serviços alheios à atividade do estabelecimento.

§ 2º. Salvo prova em contrário, presumem-se alheios à atividade do estabelecimento os veículos de transporte pessoal.

§ 3º. É vedado o crédito relativo a mercadoria entrada no estabelecimento ou a prestação de serviços a ele feita:

I – para integração ou consumo em processo de industrialização ou produção rural, quando a saída do produto resultante não for tributada ou estiver isenta do imposto, exceto se tratar-se de saída para o exterior;

II – para comercialização ou prestação de serviço, quando a saída ou a prestação subsequente não forem tributadas ou estiverem isentas do imposto, exceto as destinadas ao exterior.

§ 4º. Deliberação dos Estados, na forma do art. 28, poderá dispor que não se aplique, no todo ou em parte, a vedação prevista no parágrafo anterior.

§ 5º. Para efeito do disposto no *caput* deste artigo, relativamente aos créditos decorrentes de entrada de mercadorias no estabelecimento destinadas ao ativo permanente, deverá ser observado:

(*) § 5º, *caput*, com redação dada pela Lei Complementar nº 102/2000.
(*) Vide Lei Complementar nº 102/2000.

I – a apropriação será feita à razão de 1/48 (um quarenta e oito avos) por mês, devendo a primeira fração ser apropriada no mês em que ocorrer a entrada no estabelecimento;

(*) Inciso I acrescido pela Lei Complementar nº 102/2000.

II – em cada período de apuração do imposto, não será admitido o creditamento de que trata o inciso I, em relação à proporção das operações de saídas ou prestações isentas ou não tributadas sobre o total das operações de saídas ou prestações efetuadas no mesmo período;

(*) Inciso II acrescido pela Lei Complementar nº 102/2000.

III – para aplicação do disposto nos incisos I e II deste parágrafo, o montante do crédito a ser apropriado será obtido multiplicando-se o valor total do respectivo crédito pelo fator igual a 1/48 (um quarenta e oito avos) da relação entre o valor das operações de saídas e prestações tributadas e o total das operações de saídas e prestações do período, equiparando-se às tributadas, para fins deste inciso, as saídas e prestações com destino ao exterior ou as saídas de papel destinado à impressão de livros, jornais e periódicos;

(*) Inciso III acrescido pela Lei Complementar nº 102/2000, e com redação dada pela Lei Complementar nº 120/2005.

IV – o quociente de 1/48 (um quarenta e oito avos) será proporcionalmente aumentado ou diminuído, *pro rata die*, caso o período de apuração seja superior ou inferior a 1 (um) mês;

(*) Inciso IV acrescido pela Lei Complementar nº 102/2000.

V – na hipótese de alienação dos bens do ativo permanente, antes de decorrido o prazo de 4 (quatro) anos contado da data de sua aquisição, não será admitido, a partir da data da alienação, o creditamento de que trata este parágrafo em relação à fração que corresponderia ao restante do quadriênio;

(*) Inciso V acrescido pela Lei Complementar nº 102/2000.

VI – serão objeto de outro lançamento, além do lançamento em conjunto com os demais créditos, para efeito da compensação prevista neste artigo e no art. 19, em livro próprio ou de outra forma que a legislação determinar, para aplicação do disposto nos incisos I a V deste parágrafo; e

(*) Inciso VI acrescido pela Lei Complementar nº 102/2000.

VII – ao final do quadragésimo oitavo mês contado da data da entrada do bem no estabelecimento, o saldo remanescente do crédito será cancelado.

(*) Inciso VII acrescido pela Lei Complementar nº 102/2000.

§ 6º. Operações tributadas, posteriores a saídas de que trata o § 3º, dão ao estabelecimento que as praticar direito a creditar-se do imposto cobrado nas operações anteriores às isentas ou não tributadas sempre que a saída isenta ou não tributada seja relativa a:

I – produtos agropecuários;

II – quando autorizado em lei estadual, outras mercadorias.

**Art. 20-A.** Nas hipóteses dos incisos XIV e XVI do *caput* do art. 12 desta Lei Complementar, o crédito relativo às operações e prestações anteriores deve ser deduzido apenas do débito correspondente ao imposto devido à unidade federada de origem.

(*) Art. 20-A acrescido pela Lei Complementar nº 190/2022♦.

♦ **Produção de efeitos:** vide art. 3º da Lei Complementar nº 190/2022: "***Art. 3º.*** *Esta Lei Complementar entra em vigor na data de sua publicação, observado, quanto à produção de efeitos,* o disposto na alínea "c" do inciso III do caput do art. 150 da Constituição Federal.".

**Art. 21.** O sujeito passivo deverá efetuar o estorno do imposto de que se tiver creditado sempre que o serviço tomado ou a mercadoria entrada no estabelecimento:

I – for objeto de saída ou prestação de serviço não tributada ou isenta, sendo esta circunstância imprevisível na data da entrada da mercadoria ou da utilização do serviço;

II – for integrada ou consumida em processo de industrialização, quando a saída do produto resultante não for tributada ou estiver isenta do imposto;

III – vier a ser utilizada em fim alheio à atividade do estabelecimento;

IV – vier a perecer, deteriorar-se ou extraviar-se.

§ 1º. (Revogado).

(*) § 1º revogado pela Lei Complementar nº 102/2000.

§ 2º. Não se estornam créditos referentes a mercadorias e serviços que venham a ser objeto de operações ou prestações destinadas ao exterior ou de operações com o papel destinado à impressão de livros, jornais e periódicos.

(*) § 2º com redação dada pela Lei Complementar nº 120/2005.

§ 3º. O não creditamento ou o estorno a que se referem o § 3º do art. 20 e o *caput* deste artigo, não impedem a utilização dos mesmos créditos em operações posteriores, sujeitas ao imposto, com a mesma mercadoria.

§ 4º. (Revogado).

(*) § 4º revogado pela Lei Complementar nº 102/2000.

§ 5º. (Revogado).

(*) § 5º revogado pela Lei Complementar nº 102/2000.

ANEXO I – NORMAS COMPLEMENTARES

§ 6°. (Revogado).
(*) § 6° revogado pela Lei Complementar n° 102/2000.

§ 7°. (Revogado).
(*) § 7° revogado pela Lei Complementar n° 102/2000.

§ 8°. (Revogado).
(*) § 8° revogado pela Lei Complementar n° 102/2000.

**Art. 22.** (Vetado).

**Art. 23.** O direito de crédito, para efeito de compensação com débito do imposto, reconhecido ao estabelecimento que tenha recebido as mercadorias ou para o qual tenham sido prestados os serviços, está condicionado à idoneidade da documentação e, se for o caso, à escrituração nos prazos e condições estabelecidos na legislação.

Parágrafo único. O direito de utilizar o crédito extingue-se depois de decorridos 5 (cinco) anos contados da data de emissão do documento.

**Art. 24.** A legislação tributária estadual disporá sobre o período de apuração do imposto. As obrigações consideram-se vencidas na data em que termina o período de apuração e são liquidadas por compensação ou mediante pagamento em dinheiro como disposto neste artigo:

I – as obrigações consideram-se liquidadas por compensação até o montante dos créditos escriturados no mesmo período mais o saldo credor de período ou períodos anteriores, se for o caso;

II – se o montante dos débitos do período superar o dos créditos, a diferença será liquidada dentro do prazo fixado pelo Estado;

III – se o montante dos créditos superar os dos débitos, a diferença será transportada para o período seguinte.

**Art. 24-A.** Os Estados e o Distrito Federal divulgarão, em portal próprio, as informações necessárias ao cumprimento das obrigações tributárias, principais e acessórias, nas operações e prestações interestaduais, conforme o tipo.

§ 1°. O portal de que trata o *caput* deste artigo deverá conter, inclusive:

I – a legislação aplicável à operação ou prestação específica, incluídas soluções de consulta e decisões em processo administrativo fiscal de caráter vinculante;

II – as alíquotas interestadual e interna aplicáveis à operação ou prestação;

III – as informações sobre benefícios fiscais ou financeiros e regimes especiais que possam alterar o valor a ser recolhido do imposto; e

IV – as obrigações acessórias a serem cumpridas em razão da operação ou prestação realizada.

§ 2°. O portal referido no *caput* deste artigo conterá ferramenta que permita a apuração centralizada do imposto pelo contribuinte definido no inciso II do § 2° do art. 4° desta Lei Complementar, e a emissão das guias de recolhimento, para cada ente da Federação, da diferença entre a alíquota interna do Estado de destino e a alíquota interestadual da operação.

§ 3°. Para o cumprimento da obrigação principal e da acessória disposta no § 2° deste artigo, os Estados e o Distrito Federal definirão em conjunto os critérios técnicos necessários para a integração e a unificação dos portais das respectivas secretarias de fazenda dos Estados e do Distrito Federal.

§ 4°. Para a adaptação tecnológica do contribuinte, o inciso II do § 2° do art. 4°, a alínea "b" do inciso V do *caput* do art. 11 e o inciso XVI do *caput* do art. 12 desta Lei Complementar somente produzirão efeito no primeiro dia útil do terceiro mês subsequente ao da disponibilização do portal de que trata o *caput* deste artigo.

§ 5º. A apuração e o recolhimento do imposto devido nas operações e prestações interestaduais de que trata a alínea "b" do inciso V do *caput* do art. 11 desta Lei Complementar observarão o definido em convênio celebrado nos termos da Lei Complementar nº 24, de 7 de janeiro de 1975, e, naquilo que não lhe for contrário, nas respectivas legislações tributárias estaduais.

(*) Art. 24-A acrescido pela Lei Complementar nº 190/2022*.

♦ **Produção de efeitos:** vide art. 3º da Lei Complementar nº 190/2022: "***Art. 3º***. *Esta Lei Complementar entra em vigor na data de sua publicação, observado, quanto à produção de efeitos, o disposto na alínea "c" do inciso III do caput do art. 150 da Constituição Federal.*".

**Art. 25.** Para efeito de aplicação do disposto no art. 24, os débitos e créditos devem ser apurados em cada estabelecimento, compensando-se os saldos credores e devedores entre os estabelecimentos do mesmo sujeito passivo localizados no Estado.

(*) Art. 25, *caput*, com redação dada pela Lei Complementar nº 102/2000.

§ 1º. Saldos credores acumulados a partir da data de publicação desta Lei Complementar por estabelecimentos que realizem operações e prestações de que tratam o inciso II do art. 3º e seu parágrafo único podem ser, na proporção que estas saídas representem do total das saídas realizadas pelo estabelecimento:

I – imputados pelo sujeito passivo a qualquer estabelecimento seu no Estado;

II – havendo saldo remanescente, transferidos pelo sujeito passivo a outros contribuintes do mesmo Estado, mediante a emissão pela autoridade competente de documento que reconheça o crédito.

§ 2º. Lei estadual poderá, nos demais casos de saldos credores acumulados a partir da vigência desta Lei Complementar, permitir que:

I – sejam imputados pelo sujeito passivo a qualquer estabelecimento seu no Estado;

II – sejam transferidos, nas condições que definir, a outros contribuintes do mesmo Estado.

**Art. 26.** Em substituição ao regime de apuração mencionado nos arts. 24 e 25, a lei estadual poderá estabelecer:

I – que o cotejo entre créditos e débitos se faça por mercadoria ou serviço dentro de determinado período;

II – que o cotejo entre créditos e débitos se faça por mercadoria ou serviço em cada operação;

III – que, em função do porte ou da atividade do estabelecimento, o imposto seja pago em parcelas periódicas e calculado por estimativa, para um determinado período, assegurado ao sujeito passivo o direito de impugná-la e instaurar processo contraditório.

§ 1º. Na hipótese do inciso III, ao fim do período, será feito o ajuste com base na escrituração regular do contribuinte, que pagará a diferença apurada, se positiva; caso contrário, a diferença será compensada com o pagamento referente ao período ou períodos imediatamente seguintes.

§ 2º. A inclusão de estabelecimento no regime de que trata o inciso III não dispensa o sujeito passivo do cumprimento de obrigações acessórias.

**Art. 27.** (Vetado).

**Art. 28.** (Vetado).

**Art. 29.** (Vetado).

**Art. 30.** (Vetado).

**Art. 31.** Nos exercícios financeiros de 2003 a 2006, a União entregará mensalmente recursos aos Estados e seus Municípios, obedecidos os montantes, os critérios, os prazos e as

## ANEXO I – NORMAS COMPLEMENTARES

demais condições fixadas no Anexo desta Lei Complementar.

(*) Art. 31, *caput*, alterado pela Lei Complementar nº 102/2000 e com redação dada pela Lei Complementar nº 115/2002.

§ 1º. Do montante de recursos que couber a cada Estado, a União entregará, diretamente:

(*) § 1º alterado pela Lei Complementar nº 102/2000 e com redação dada pela Lei Complementar nº 115/2002.

I – 75% (setenta e cinco por cento) ao próprio Estado; e

II – 25% (vinte e cinco por cento) aos respectivos Municípios, de acordo com os critérios previstos no parágrafo único do art. 158 da Constituição Federal.

§ 2º. Para atender ao disposto no *caput*, os recursos do Tesouro Nacional serão provenientes:

(*) § 2º alterado pela Lei Complementar nº 102/2000 e com redação dada pela Lei Complementar nº 115/2002.

I – da emissão de títulos de sua responsabilidade, ficando autorizada, desde já, a inclusão nas leis orçamentárias anuais de estimativa de receita decorrente dessas emissões, bem como de dotação até os montantes anuais previstos no Anexo, não se aplicando neste caso, desde que atendidas as condições e os limites globais fixados pelo Senado Federal, quaisquer restrições ao acréscimo que acarretará no endividamento da União;

II – de outras fontes de recursos.

§ 3º. A entrega dos recursos a cada unidade federada, na forma e condições detalhadas no Anexo, especialmente no seu item 3, será satisfeita, primeiro, para efeito de pagamento ou compensação da dívida da respectiva unidade, inclusive de sua administração indireta, vencida e não paga junto à União, bem como para o ressarcimento à União de despesas decorrentes de eventuais garantias honradas de operações de crédito externas. O saldo remanescente, se houver, será creditado em moeda corrente.

(*) § 3º alterado pela Lei Complementar nº 102/2000 e com redação dada pela Lei Complementar nº 115/2002.

§ 4º. A entrega dos recursos a cada unidade federada, na forma e condições detalhadas no Anexo, subordina-se à existência de disponibilidades orçamentárias consignadas a essa finalidade na respectiva Lei Orçamentária Anual da União, inclusive eventuais créditos adicionais.

(*) § 4º alterado pela Lei Complementar nº 102/2000 e com redação dada pela Lei Complementar nº 115/2002.

§ 4º-A. (Revogado).

(*) § 4º-A acrescido pela Lei Complementar nº 102/2000 e revogado pela Lei Complementar nº 115/2002.

§ 5º. Para efeito da apuração de que trata o art. 4º da Lei Complementar nº 65, de 15 de abril de 1991, será considerado o valor das respectivas exportações de produtos industrializados, inclusive de semielaborados, não submetidas à incidência do imposto sobre operações relativas à circulação de mercadorias e sobre prestações de serviços de transporte interestadual e intermunicipal e de comunicação, em 31 de julho de 1996.

(*) § 5º com redação dada pela Lei Complementar nº 102/2000.

**Art. 32.** A partir da data de publicação desta Lei Complementar:

I – o imposto não incidirá sobre operações que destinem ao exterior mercadorias, inclusive produtos primários e produtos industrializados semielaborados, bem como sobre prestações de serviços para o exterior;

II – darão direito de crédito, que não será objeto de estorno, as mercadorias entradas no estabelecimento para integração ou consumo em processo de produção de mercadorias industrializadas, inclusive semielaboradas, destinadas ao exterior;

III – entra em vigor o disposto no Anexo integrante desta Lei Complementar.

**Art. 33.** Na aplicação do art. 20 observar-se-á o seguinte:

I – somente darão direito de crédito as mercadorias destinadas ao uso ou consumo do estabelecimento nele entradas a partir de 1º de janeiro de 2033;

(*) Inciso I alterado pelas Leis Complementares nº 92/1997, nº 99/1999, nº 114/2002, nº 122/2006 e nº 138/2010 e com redação dada pela Lei Complementar nº 171/2019.

II – somente dará direito a crédito a entrada de energia elétrica no estabelecimento:

(*) Inciso II, *caput*, com redação dada pela Lei Complementar nº 102/2000.

a) quando for objeto de operação de saída de energia elétrica;

(*) Alínea "a" acrescida pela Lei Complementar nº 102/2000.

b) quando consumida no processo de industrialização;

(*) Alínea "b" acrescida pela Lei Complementar nº 102/2000.

c) quando seu consumo resultar em operação de saída ou prestação para o exterior, na proporção destas sobre as saídas ou prestações totais; e

(*) Alínea "c" acrescida pela Lei Complementar nº 102/2000.

d) a partir de 1º de janeiro de 2033 nas demais hipóteses;

(*) Alínea "d" acrescida pela Lei Complementar nº 102/2000, alterada pelas Leis Complementares nºs 114/2002, 122/2006 e 138/2010 e com redação dada pela Lei Complementar nº 171/2019.

III – somente darão direito de crédito as mercadorias destinadas ao ativo permanente do estabelecimento, nele entradas a partir da data da entrada desta Lei Complementar em vigor.

IV – somente dará direito a crédito o recebimento de serviços de comunicação utilizados pelo estabelecimento:

(*) Inciso IV, *caput*, acrescido pela Lei Complementar nº 102/2000.

a) ao qual tenham sido prestados na execução de serviços da mesma natureza;

(*) Alínea "a" acrescida pela Lei Complementar nº 102/2000.

b) quando sua utilização resultar em operação de saída ou prestação para o exterior, na proporção desta sobre as saídas ou prestações totais; e

(*) Alínea "b" acrescida pela Lei Complementar nº 102/2000.

c) a partir de 1º de janeiro de 2033 nas demais hipóteses.

(*) Alínea "c" acrescida pela Lei Complementar nº 102/2000, alterada pelas Leis Complementares nº 114/2002, nº 122/2006 e nº 138/2010 e com redação dada pela Lei Complementar nº 171/2019.

**Art. 34.** (Vetado).

**Art. 35.** As referências feitas aos Estados nesta Lei Complementar entendem-se feitas também ao Distrito Federal.

**Art. 36.** Esta Lei Complementar entra em vigor no primeiro dia do segundo mês seguinte ao da sua publicação, observado o disposto nos arts. 32 e 33 e no Anexo integrante desta Lei Complementar.

Brasília, 13 de setembro de 1996; 175º da Independência e 108º da República.

*Fernando Henrique Cardoso*
*DOU de 16.9.1996*

### Anexo

(*) Anexo com redação dada pela Lei Complementar nº 115/2000.

1. A entrega de recursos a que se refere o art. 31 da Lei Complementar

## ANEXO I – NORMAS COMPLEMENTARES

nº 87, de 13 de setembro de 1996, será realizada da seguinte forma:

1.1. a União entregará aos Estados e aos seus Municípios, no exercício financeiro de 2003, o valor de até R$ 3.900.000.000,00 (três bilhões e novecentos milhões de reais), desde que respeitada a dotação consignada da Lei Orçamentária Anual da União de 2003 e eventuais créditos adicionais;

1.2. nos exercícios financeiros de 2004 a 2006, a União entregará aos Estados e aos seus Municípios os montantes consignados a essa finalidade nas correspondentes Leis Orçamentárias Anuais da União;

1.3. a cada mês, o valor a ser entregue aos Estados e aos seus Municípios corresponderá ao montante do saldo orçamentário existente no dia 1º, dividido pelo número de meses remanescentes no ano;

1.3.1. nos meses de janeiro e fevereiro de 2003, o saldo orçamentário, para efeito do cálculo da parcela pertencente a cada Estado e a seus Municípios, segundo os coeficientes individuais de participação definidos no item 1.5 deste Anexo, corresponderá ao montante remanescente após a dedução dos valores de entrega mencionados no art. 3º desta Lei Complementar;

1.3.1.1. nesses meses, a parcela pertencente aos Estados que fizerem jus ao disposto no art. 3º desta Lei Complementar corresponderá ao somatório dos montantes derivados da aplicação do referido artigo e dos coeficientes individuais de participação definidos no item 1.5 deste Anexo;

1.3.2. no mês de dezembro, o valor de entrega corresponderá ao saldo orçamentário existente no dia 15.

1.4. Os recursos serão entregues aos Estados e aos seus respectivos Municípios no último dia útil de cada mês.

1.5. A parcela pertencente a cada Estado, incluídas as parcelas de seus Municípios, será proporcional aos seguintes coeficientes individuais de participação:

| AC | 0,09104% |
|---|---|
| AL | 0,84022% |
| AP | 0,40648% |
| AM | 1,00788% |
| BA | 3,71666% |
| CE | 1,62881% |
| DF | 0,80975% |
| ES | 4,26332% |
| GO | 1,33472% |
| MA | 1,67880% |
| MT | 1,94087% |
| MS | 1,23465% |
| MG | 12,90414% |
| PA | 4,36371% |
| PB | 0,28750% |
| PR | 10,08256% |
| PE | 1,48565% |
| PI | 0,30165% |
| RJ | 5,86503% |
| RN | 0,36214% |
| RS | 10,04446% |
| RO | 0,24939% |
| RR | 0,03824% |
| SC | 3,59131% |
| SP | 31,14180% |
| SE | 0,25049% |
| TO | 0,07873% |
| TOTAL | 100,00000% |

2. Caberá ao Ministério da Fazenda apurar o montante mensal a ser entregue aos Estados e aos seus Municípios.

ANEXOS

2.1. O Ministério da Fazenda publicará no *Diário Oficial da União*, até 5 (cinco) dias úteis antes da data prevista para a efetiva entrega dos recursos, o resultado do cálculo do montante a ser entregue aos Estados e aos seus Municípios, o qual, juntamente com o detalhamento da memória de cálculo, será remetido, no mesmo prazo, ao Tribunal de Contas da União.

2.2. Do montante dos recursos que cabe a cada Estado, a União entregará, diretamente ao próprio Estado, 75% (setenta e cinco por cento), e aos seus Municípios, 25% (vinte e cinco por cento), distribuídos segundo os mesmos critérios de rateio aplicados às parcelas de receita que lhes cabem do ICMS.

2.3. Antes do início de cada exercício financeiro, o Estado comunicará ao Ministério da Fazenda os coeficientes de participação dos respectivos Municípios no rateio da parcela do ICMS a serem aplicados no correspondente exercício, observado o seguinte:

2.3.1. o atraso na comunicação dos coeficientes acarretará a suspensão da transferência dos recursos ao Estado e aos respectivos Municípios até que seja regularizada a entrega das informações;

2.3.1.1. os recursos em atraso e os do mês em que ocorrer o fornecimento das informações serão entregues no último dia útil do mês seguinte à regularização, se esta ocorrer após o décimo quinto dia; caso contrário, a entrega dos recursos ocorrerá no último dia útil do próprio mês da regularização.

3. A forma de entrega dos recursos a cada Estado e a cada Município observará o disposto neste item.

3.1. Para efeito de entrega dos recursos à unidade federada e por uma das duas formas previstas no subitem 3.3 serão obrigatoriamente considerados, pela ordem e até o montante total da entrega apurado no respectivo período, os valores das seguintes dívidas:

3.1.1. contraídas junto ao Tesouro Nacional pela unidade federada vencidas e não pagas, computadas primeiro as da administração direta e depois as da administração indireta;

3.1.2. contraídas pela unidade federada com garantia da União, inclusive dívida externa, vencidas e não pagas, sempre computadas inicialmente as da administração direta e posteriormente as da administração indireta;

3.1.3. contraídas pela unidade federada junto aos demais entes da administração federal, direta e indireta, vencidas e não pagas, sempre computadas inicialmente as da administração direta e posteriormente as da administração indireta.

3.2. Para efeito do disposto no subitem 3.1.3, ato do Poder Executivo Federal poderá autorizar:

3.2.1. a inclusão, como mais uma opção para efeito da entrega dos recursos, e na ordem que determinar, do valor correspondente a título da respectiva unidade federada na carteira da União, inclusive entes de sua administração indireta, primeiro relativamente aos valores vencidos e não pagos e, depois, aos vincendos no mês seguinte àquele em que serão entregues os recursos;

3.2.2. a suspensão temporária da dedução de dívida compreendida pelo subitem 3.1.3, quando não estiverem disponíveis, no prazo devido, as necessárias informações.

3.3. Os recursos a serem entregues mensalmente à unidade federada, equivalentes ao montante das

ANEXO I – NORMAS COMPLEMENTARES

dívidas apurado na forma do subitem 3.1, e do anterior, serão satisfeitos pela União por uma das seguintes formas:

3.3.1. entrega de obrigações do Tesouro Nacional, de série especial, inalienáveis, com vencimento não inferior a 10 (dez) anos, remunerados por taxa igual ao custo médio das dívidas da respectiva unidade federada junto ao Tesouro Nacional, com poder liberatório para pagamento das referidas dívidas; ou

3.3.2. correspondente compensação.

3.4. Os recursos a serem entregues mensalmente à unidade federada equivalentes à diferença positiva entre o valor total que lhe cabe e o valor da dívida apurada nos termos dos subitens 3.1 e 3.2, e liquidada na forma do subitem anterior, serão satisfeitos por meio de crédito, em moeda corrente, à conta bancária do beneficiário.

4. As referências deste Anexo feitas aos Estados entendem-se também feitas ao Distrito Federal.

## LEI COMPLEMENTAR Nº 91, DE 22 DE DEZEMBRO DE 1997

[Art. 91, § 2º, do CTN]

(*) Atualizada até as alterações mais recentes, promovidas pela Lei Complementar nº 165, de 3.1.2019.

*Dispõe sobre a fixação dos coeficientes do Fundo de Participação dos Municípios.*

O Presidente da República,

Faço saber que o Congresso Nacional decreta e eu sanciono a seguinte Lei Complementar:

**Art. 1º.** Fica atribuído aos Municípios, exceto os de Capital, coeficiente individual no Fundo de Participação dos Municípios – FPM, segundo seu número de habitantes, conforme estabelecido no § 2º do art. 91 da Lei nº 5.172, de 25 de outubro de 1966, com a redação dada pelo Decreto-Lei nº 1.881, de 27 de agosto de 1981.

§ 1º. Para os efeitos deste artigo, consideram-se os Municípios regularmente instalados, fazendo-se a revisão de suas quotas anualmente, com base nos dados oficiais de população produzidos pela Fundação Instituto Brasileiro de Geografia e Estatística – IBGE, nos termos do § 2º do art. 102 da Lei nº 8.443, de 16 de julho de 1992.

(*) O § 2º do art. 102 da Lei nº 8.443/1992 foi revogado pela Lei Complementar nº 143/2013.

§ 2º. Ficam mantidos, a partir do exercício de 1998, os coeficientes do Fundo de Participação dos Municípios – FPM atribuídos em 1997 aos Municípios que apresentarem redução de seus coeficientes pela aplicação do disposto no *caput* deste artigo.

**Art. 2º.** A partir de 1º de janeiro de 1999, os ganhos adicionais em cada exercício, decorrentes do disposto no § 2º do art. 1º desta Lei Complementar, terão aplicação de redutor financeiro para redistribuição automática aos demais participantes do Fundo de Participação dos Municípios – FPM, na forma do que dispõe o § 2º do art. 91 da Lei nº 5.172, de 25 de outubro de 1966, com a redação dada pelo Decreto-Lei nº 1.881, de 27 de agosto de 1981.

§ 1º. O redutor financeiro a que se refere o *caput* deste artigo será de:

I – 20% (vinte por cento) no exercício de 1999;

II – 40% (quarenta por cento) no exercício de 2000;

## ANEXOS

III – 30 (trinta) pontos percentuais no exercício financeiro de 2001;

(*) Inciso III com redação dada pela Lei Complementar nº 106/2001.

IV – 40 (quarenta) pontos percentuais no exercício financeiro de 2002;

(*) Inciso IV com redação dada pela Lei Complementar nº 106/2001.

V – 50 (cinquenta) pontos percentuais no exercício financeiro de 2003;

(*) Inciso V acrescido pela Lei Complementar nº 106/2001.

VI – 60 (sessenta) pontos percentuais no exercício financeiro de 2004;

(*) Inciso VI acrescido pela Lei Complementar nº 106/2001.

VII – 70 (setenta) pontos percentuais no exercício financeiro de 2005;

(*) Inciso VII acrescido pela Lei Complementar nº 106/2001.

VIII – 80 (oitenta) pontos percentuais no exercício financeiro de 2006;

(*) Inciso VIII acrescido pela Lei Complementar nº 106/2001.

IX – 90 (noventa) pontos percentuais no exercício financeiro de 2007.

(*) Inciso IX acrescido pela Lei Complementar nº 106/2001.

§ 2º. A partir de 1º de janeiro de 2008, os Municípios a que se refere o § 2º do art. 1º desta Lei Complementar terão seus coeficientes individuais no Fundo de Participação dos Municípios – FPM fixados em conformidade com o que dispõe o *caput* do art. 1º.

(*) § 2º com redação dada pela Lei Complementar nº 106/2001.

§ 3º. A partir de 1º de janeiro de 2019, até que sejam atualizados com base em novo censo demográfico, ficam mantidos, em relação aos Municípios que apresentem redução de seus coeficientes decorrente de estimativa anual do IBGE, os coeficientes de distribuição do FPM utilizados no exercício de 2018.

(*) § 3º acrescido pela Lei Complementar nº 165/2019.

**Art. 3º.** Os Municípios que se enquadrarem no coeficiente 3,8 (três inteiros e oito décimos) passam, a partir de 1º de janeiro de 1999, a participar da Reserva do Fundo de Participação dos Municípios – FPM, prevista no art. 2º do Decreto-Lei nº 1.881, de 27 de agosto de 1981.

§ 1º. Aos Municípios que se enquadrarem nos coeficientes 3,8 (três inteiros e oito décimos) e 4 (quatro) no Fundo de Participação dos Municípios – FPM será atribuído coeficiente de participação conforme estabelecido no parágrafo único do art. 3º do Decreto-Lei nº 1.881, de 27 de agosto de 1981.

§ 2º. Aplica-se aos Municípios participantes da Reserva de que trata o *caput* deste artigo o disposto no § 2º do art. 1º e no art. 2º desta Lei Complementar.

**Art. 4º.** Aos Municípios das Capitais dos Estados, inclusive a Capital Federal, será atribuído coeficiente individual de participação conforme estabelecido no § 1º do art. 91 da Lei nº 5.172, de 25 de outubro de 1966.

Parágrafo único. Aplica-se aos Municípios de que trata o *caput* o disposto no § 2º do art. 1º e no art. 2º desta Lei Complementar.

**Art. 5º.** Compete à Fundação Instituto Brasileiro de Geografia e Estatística – IBGE apurar a renda *per capita* para os efeitos desta Lei Complementar.

**Art. 6º.** Esta Lei Complementar entra em vigor na data de sua publi-

ANEXO I – NORMAS COMPLEMENTARES

cação, produzindo efeitos a partir de 1º de janeiro de 1998.

**Art. 7º.** Revogam-se disposições em contrário, em especial a Lei Complementar nº 71, de 3 de setembro de 1992; a Lei Complementar nº 74, de 30 de abril de 1993; os §§ 4º e 5º do art. 91 da Lei nº 5.172, de 25 de outubro de 1966.

Brasília, 22 de dezembro de 1997; 176º da Independência e 109º da República.

*Fernando Henrique Cardoso*

*DOU de 23.12.1997 – Retificado em 24.12.1997*

## LEI COMPLEMENTAR Nº 116, DE 31 DE JULHO DE 2003

[Arts. 71 a 73 do CTN, revogados]

(*) Atualizada até as alterações mais recentes, promovidas pela Lei Complementar nº 183, de 22.9.2021.

*Dispõe sobre o Imposto sobre Serviços de Qualquer Natureza, de competência dos Municípios e do Distrito Federal, e dá outras providências.*

O Presidente da República,

Faço saber que o Congresso Nacional decreta e eu sanciono a seguinte Lei Complementar:

**Art. 1º.** O Imposto sobre Serviços de Qualquer Natureza, de competência dos Municípios e do Distrito Federal, tem como fato gerador a prestação de serviços constantes da lista anexa, ainda que esses não se constituam como atividade preponderante do prestador.

§ 1º. O imposto incide também sobre o serviço proveniente do exterior do País ou cuja prestação se tenha iniciado no exterior do País.

§ 2º. Ressalvadas as exceções expressas na lista anexa, os serviços nela mencionados não ficam sujeitos ao Imposto sobre Operações Relativas à Circulação de Mercadorias e Prestações de Serviços de Transporte Interestadual e Intermunicipal e de Comunicação – ICMS, ainda que sua prestação envolva fornecimento de mercadorias.

§ 3º. O imposto de que trata esta Lei Complementar incide ainda sobre os serviços prestados mediante a utilização de bens e serviços públicos explorados economicamente mediante autorização, permissão ou concessão, com o pagamento de tarifa, preço ou pedágio pelo usuário final do serviço.

§ 4º. A incidência do imposto não depende da denominação dada ao serviço prestado.

**Art. 2º.** O imposto não incide sobre:

I – as exportações de serviços para o exterior do País;

II – a prestação de serviços em relação de emprego, dos trabalhadores avulsos, dos diretores e membros de conselho consultivo ou de conselho fiscal de sociedades e fundações, bem como dos sócios-gerentes e dos gerentes-delegados;

III – o valor intermediado no mercado de títulos e valores mobiliários, o valor dos depósitos bancários, o principal, juros e acréscimos moratórios relativos a operações de crédito realizadas por instituições financeiras.

Parágrafo único. Não se enquadram no disposto no inciso I os serviços desenvolvidos no Brasil, cujo resultado aqui se verifique, ainda que o pagamento seja feito por residente no exterior.

**Art. 3º.** O serviço considera-se prestado, e o imposto, devido, no local do estabelecimento prestador ou, na falta do estabelecimento, no local do domicílio do prestador, exceto nas hipóteses previstas nos incisos I a XXV, quando o imposto será devido no local:

(*) § 3º, *caput*, com redação dada pela Lei Complementar nº 157/2016.

I – do estabelecimento do tomador ou intermediário do serviço ou, na falta de estabelecimento, onde ele estiver domiciliado, na hipótese do § 1º do art. 1º desta Lei Complementar;

II – da instalação dos andaimes, palcos, coberturas e outras estruturas, no caso dos serviços descritos no subitem 3.05 da lista anexa;

III – da execução da obra, no caso dos serviços descritos no subitem 7.02 e 7.19 da lista anexa;

IV – da demolição, no caso dos serviços descritos no subitem 7.04 da lista anexa;

V – das edificações em geral, estradas, pontes, portos e congêneres, no caso dos serviços descritos no subitem 7.05 da lista anexa;

VI – da execução da varrição, coleta, remoção, incineração, tratamento, reciclagem, separação e destinação final de lixo, rejeitos e outros resíduos quaisquer, no caso dos serviços descritos no subitem 7.09 da lista anexa;

VII – da execução da limpeza, manutenção e conservação de vias e logradouros públicos, imóveis, chaminés, piscinas, parques, jardins e congêneres, no caso dos serviços descritos no subitem 7.10 da lista anexa;

VIII – da execução da decoração e jardinagem, do corte e poda de árvores, no caso dos serviços descritos no subitem 7.11 da lista anexa;

IX – do controle e tratamento do efluente de qualquer natureza e de agentes físicos, químicos e biológicos, no caso dos serviços descritos no subitem 7.12 da lista anexa;

X – (vetado);

XI – (vetado);

XII – do florestamento, reflorestamento, semeadura, adubação, reparação de solo, plantio, silagem, colheita, corte, descascamento de árvores, silvicultura, exploração florestal e serviços congêneres indissociáveis da formação, manutenção e colheita de florestas para quaisquer fins e por quaisquer meios;

(*) Inciso XII com redação dada pela Lei Complementar nº 157/2016.

XIII – da execução dos serviços de escoramento, contenção de encostas e congêneres, no caso dos serviços descritos no subitem 7.17 da lista anexa;

XIV – da limpeza e dragagem, no caso dos serviços descritos no subitem 7.18 da lista anexa;

XV – onde o bem estiver guardado ou estacionado, no caso dos serviços descritos no subitem 11.01 da lista anexa;

XVI – dos bens, dos semoventes ou do domicílio das pessoas vigiados, segurados ou monitorados, no caso dos serviços descritos no subitem 11.02 da lista anexa;

(*) Inciso XVI com redação dada pela Lei Complementar nº 157/2016.

XVII – do armazenamento, depósito, carga, descarga, arrumação e guarda do bem, no caso dos serviços descritos no subitem 11.04 da lista anexa;

XVIII – da execução dos serviços de diversão, lazer, entretenimento e congêneres, no caso dos serviços descritos nos subitens do item 12, exceto o 12.13, da lista anexa;

## ANEXO I – NORMAS COMPLEMENTARES

XIX – do Município onde está sendo executado o transporte, no caso dos serviços descritos pelo item 16 da lista anexa;

(*) Inciso XIX com redação dada pela Lei Complementar nº 157/2016.

XX – do estabelecimento do tomador da mão de obra ou, na falta de estabelecimento, onde ele estiver domiciliado, no caso dos serviços descritos pelo subitem 17.05 da lista anexa;

XXI – da feira, exposição, congresso ou congênere a que se referir o planejamento, organização e administração, no caso dos serviços descritos pelo subitem 17.10 da lista anexa;

XXII – do porto, aeroporto, ferroporto, terminal rodoviário, ferroviário ou metroviário, no caso dos serviços descritos pelo item 20 da lista anexa;

XXIII – do domicílio do tomador dos serviços dos subitens 4.22, 4.23 e 5.09;

(*) Inciso XXIII acrescido pela Lei Complementar nº 157/2016, vetado pelo Presidente da República, mantido pelo Congresso Nacional e publicado no *DOU* de 1.6.2017.

(*) A ADI nº 5.835, proposta pela CONSIF e CNSEG, possui liminar de 23 de março de 2018 concedendo medida cautelar pleiteada para SUSPENDER a eficácia deste inciso XXIII.

XXIV – do domicílio do tomador do serviço no caso dos serviços prestados pelas administradoras de cartão de crédito ou débito e demais descritos no subitem 15.01;

(*) Inciso XXIV acrescido pela Lei Complementar nº 157/2016, vetado pelo Presidente da República, mantido pelo Congresso Nacional e publicado no *DOU* de 1.6.2017.

(*) A ADI nº 5.835, proposta pela CONSIF e CNSEG, possui liminar de 23 de março de 2018 concedendo medida cautelar pleiteada para SUSPENDER a eficácia deste inciso XXIV.

XXV – do domicílio do tomador do serviço do subitem 15.09.

(*) Inciso XXV acrescido pela Lei Complementar nº 157/2016, vetado pelo Presidente da República, mantido pelo Congresso Nacional e publicado no *DOU* de 1.6.2017, e com redação dada pela Lei Complementar nº 175/2020.

§ 1º. No caso dos serviços a que se refere o subitem 3.04 da lista anexa, considera-se ocorrido o fato gerador e devido o imposto em cada Município em cujo território haja extensão de ferrovia, rodovia, postes, cabos, dutos e condutos de qualquer natureza, objetos de locação, sublocação, arrendamento, direito de passagem ou permissão de uso, compartilhado ou não.

(*) Vide ADI3142/DF: por maioria, os Ministros do STF julgaram, em 5.8.2020, parcialmente procedente o pedido formulado na ação direta para dar interpretação conforme à Constituição Federal ao subitem 3.04 da lista anexa à Lei Complementar nº 116/03, a fim de admitir a cobrança do ISS nos casos em que as situações nele descritas integrem relação mista ou complexa em que não seja possível claramente segmentá-las de uma obrigação de fazer, seja no que diz com o seu objeto, seja no que concerne ao valor específico da contrapartida financeira.

§ 2º. No caso dos serviços a que se refere o subitem 22.01 da lista anexa, considera-se ocorrido o fato gerador e devido o imposto em cada Município em cujo território haja extensão de rodovia explorada.

§ 3º. Considera-se ocorrido o fato gerador do imposto no local do estabelecimento prestador nos serviços executados em águas marítimas, excetuados os serviços descritos no subitem 20.01.

§ 4º. Na hipótese de descumprimento do disposto no *caput* ou no § 1º, ambos do art. 8º-A desta Lei Complementar, o imposto será devido no local do estabelecimento do tomador ou intermediário do serviço ou, na falta de estabelecimento, onde ele estiver domiciliado.

(*) § 4º acrescido pela Lei Complementar nº 157/2016, vetado pelo Presidente da República, mantido pelo Congresso Nacional e publicado no *DOU* de 1.6.2017.

## ANEXOS

§ 5º. Ressalvadas as exceções e especificações estabelecidas nos §§ 6º a 12 deste artigo, considera-se tomador dos serviços referidos nos incisos XXIII, XXIV e XXV do *caput* deste artigo o contratante do serviço e, no caso de negócio jurídico que envolva estipulação em favor de unidade da pessoa jurídica contratante, a unidade em favor da qual o serviço foi estipulado, sendo irrelevantes para caracterizá-la as denominações de sede, filial, agência, posto de atendimento, sucursal, escritório de representação ou o contato ou quaisquer outras que venham a ser utilizadas.

(*) § 5º acrescido pela Lei Complementar nº 175/2020.

§ 6º. No caso dos serviços de planos de saúde ou de medicina e congêneres, referidos nos subitens 4.22 e 4.23 da lista de serviços anexa a esta Lei Complementar, o tomador do serviço é a pessoa física beneficiária vinculada à operadora por meio de convênio ou contrato de plano de saúde individual, familiar, coletivo empresarial ou coletivo por adesão.

(*) § 6º acrescido pela Lei Complementar nº 175/2020.

§ 7º. Nos casos em que houver dependentes vinculados ao titular do plano, será considerado apenas o domicílio do titular para fins do disposto no § 6º deste artigo.

(*) § 7º acrescido pela Lei Complementar nº 175/2020.

§ 8º. No caso dos serviços de administração de cartão de crédito ou débito e congêneres, referidos no subitem 15.01 da lista de serviços anexa a esta Lei Complementar, prestados diretamente aos portadores de cartões de crédito ou débito e congêneres, o tomador é o primeiro titular do cartão.

(*) § 8º acrescido pela Lei Complementar nº 175/2020.

§ 9º. O local do estabelecimento credenciado é considerado o domicílio do tomador dos demais serviços referidos no subitem 15.01 da lista de serviços anexa a esta Lei Complementar relativos às transferências realizadas por meio de cartão de crédito ou débito, ou a eles conexos, que sejam prestados ao tomador, direta ou indiretamente, por:

I – bandeiras;

II – credenciadoras; ou

III – emissoras de cartões de crédito e débito.

(*) § 9º acrescido pela Lei Complementar nº 175/2020.

§ 10. No caso dos serviços de administração de carteira de valores mobiliários e dos serviços de administração e gestão de fundos e clubes de investimento, referidos no subitem 15.01 da lista de serviços anexa a esta Lei Complementar, o tomador é o cotista.

(*) § 10 acrescido pela Lei Complementar nº 175/2020.

§ 11. No caso dos serviços de administração de consórcios, o tomador de serviço é o consorciado.

(*) § 11 acrescido pela Lei Complementar nº 175/2020.

§ 12. No caso dos serviços de arrendamento mercantil, o tomador do serviço é o arrendatário, pessoa física ou a unidade beneficiária da pessoa jurídica, domiciliado no País, e, no caso de arrendatário não domiciliado no País, o tomador é o beneficiário do serviço no País.

(*) § 12 acrescido pela Lei Complementar nº 175/2020.

**Art. 4º.** Considera-se estabelecimento prestador o local onde o contribuinte desenvolva a atividade de prestar serviços, de modo permanente ou temporário, e que configure unidade econômica ou profissional, sendo irrelevantes para caracterizá-lo

## ANEXO I – NORMAS COMPLEMENTARES

as denominações de sede, filial, agência, posto de atendimento, sucursal, escritório de representação ou contato ou quaisquer outras que venham a ser utilizadas.

**Art. 5º.** Contribuinte é o prestador do serviço.

**Art. 6º.** Os Municípios e o Distrito Federal, mediante lei, poderão atribuir de modo expresso a responsabilidade pelo crédito tributário a terceira pessoa, vinculada ao fato gerador da respectiva obrigação, excluindo a responsabilidade do contribuinte ou atribuindo-a a este em caráter supletivo do cumprimento total ou parcial da referida obrigação, inclusive no que se refere à multa e aos acréscimos legais.

§ 1º. Os responsáveis a que se refere este artigo estão obrigados ao recolhimento integral do imposto devido, multa e acréscimos legais, independentemente de ter sido efetuada sua retenção na fonte.

§ 2º. Sem prejuízo do disposto no *caput* e no § 1º deste artigo, são responsáveis:

(\*) Vide Lei Complementar nº 123/2006 – Microempresa e Empresa de Pequeno Porte.

I – o tomador ou intermediário de serviço proveniente do exterior do País ou cuja prestação se tenha iniciado no exterior do País;

II – a pessoa jurídica, ainda que imune ou isenta, tomadora ou intermediária dos serviços descritos nos subitens 3.05, 7.02, 7.04, 7.05, 7.09, 7.10, 7.12, 7.16, 7.17, 7.19, 11.02, 17.05 e 17.10 da lista anexa a esta Lei Complementar, exceto na hipótese dos serviços do subitem 11.05, relacionados ao monitoramento e rastreamento a distância, em qualquer via ou local, de veículos, cargas, pessoas e semoventes em circulação ou movimento, realizados por meio de telefonia móvel, transmissão de satélites, rádio ou qualquer outro meio, inclusive pelas empresas de Tecnologia da Informação Veicular, independentemente de o prestador de serviços ser proprietário ou não da infraestrutura de telecomunicações que utiliza;

(\*) Inciso II com redação dada pela Lei Complementar nº 183/2021.

III – a pessoa jurídica tomadora ou intermediária de serviços, ainda que imune ou isenta, na hipótese prevista no § 4º do art. 3º desta Lei Complementar.

(\*) Inciso III acrescido pela Lei Complementar nº 157/2016, vetado pelo Presidente da República, mantido pelo Congresso Nacional e publicado no *DOU* de 1.6.2017.

IV – as pessoas referidas nos incisos II ou III do § 9º do art. 3º desta Lei Complementar, pelo imposto devido pelas pessoas a que se refere o inciso I do mesmo parágrafo, em decorrência dos serviços prestados na forma do subitem 15.01 da lista de serviços anexa a esta Lei Complementar.

(\*) Inciso IV acrescido pela Lei Complementar nº 175/2020.

§ 3º. (Revogado).

(\*) § 3º acrescido pela Lei Complementar nº 157/2016, vetado pelo Presidente da República, mantido pelo Congresso Nacional e publicado no *DOU* de 1.6.2017, e revogado pela Lei Complementar nº 175/2020.

§ 4º. No caso dos serviços prestados pelas administradoras de cartão de crédito e débito, descritos no subitem 15.01, os terminais eletrônicos ou as máquinas das operações efetivadas deverão ser registrados no local do domicílio do tomador do serviço.

(\*) § 4º acrescido pela Lei Complementar nº 157/2016, vetado pelo Presidente da República, mantido pelo Congresso Nacional e publicado no *DOU* de 1.6.2017.

(\*) A ADI nº 5.835, proposta pela CONSIF e CNSEG, possui liminar de 23 de março de 2018 concedendo medida cautelar pleiteada para SUSPENDER a eficácia deste § 4º.

**Art. 7º.** A base de cálculo do imposto é o preço do serviço.

§ 1º. Quando os serviços descritos pelo subitem 3.04 da lista anexa forem prestados no território de mais de um Município, a base de cálculo será proporcional, conforme o caso, à extensão da ferrovia, rodovia, dutos e condutos de qualquer natureza, cabos de qualquer natureza, ou ao número de postes, existentes em cada Município.

§ 2º. Não se incluem na base de cálculo do Imposto sobre Serviços de Qualquer Natureza:

I – o valor dos materiais fornecidos pelo prestador dos serviços previstos nos itens 7.02 e 7.05 da lista de serviços anexa a esta Lei Complementar;

II – (vetado).

§ 3º. (Vetado).

**Art. 8º.** As alíquotas máximas do Imposto sobre Serviços de Qualquer Natureza são as seguintes:

I – (vetado);

II – demais serviços, 5% (cinco por cento).

**Art. 8º-A.** A alíquota mínima do Imposto sobre Serviços de Qualquer Natureza é de 2% (dois por cento).

§ 1º. O imposto não será objeto de concessão de isenções, incentivos ou benefícios tributários ou financeiros, inclusive de redução de base de cálculo ou de crédito presumido ou outorgado, ou sob qualquer outra forma que resulte, direta ou indiretamente, em carga tributária menor que a decorrente da aplicação da alíquota mínima estabelecida no *caput*, exceto para os serviços a que se referem os subitens 7.02, 7.05 e 16.01 da lista anexa a esta Lei Complementar.

§ 2º. É nula a lei ou o ato do Município ou do Distrito Federal que não respeite as disposições relativas à alíquota mínima previstas neste artigo no caso de serviço prestado a tomador ou intermediário localizado em Município diverso daquele onde está localizado o prestador do serviço.

§ 3º. A nulidade a que se refere o § 2º deste artigo gera, para o prestador do serviço, perante o Município ou o Distrito Federal que não respeitar as disposições deste artigo, o direito à restituição do valor efetivamente pago do Imposto sobre Serviços de Qualquer Natureza calculado sob a égide da lei nula.

(*) Art. 8º-A acrescido pela Lei Complementar nº 157/2016.

**Art. 9º.** Esta Lei Complementar entra em vigor na data de sua publicação.

**Art. 10.** Ficam revogados os arts. 8º, 10, 11 e 12 do Decreto-Lei nº 406, de 31 de dezembro de 1968; os incisos III, IV, V e VII do art. 3º do Decreto-Lei nº 834, de 8 de setembro de 1969; a Lei Complementar nº 22, de 9 de dezembro de 1974; a Lei nº 7.192, de 5 de junho de 1984; a Lei Complementar nº 56, de 15 de dezembro de 1987; e a Lei Complementar nº 100, de 22 de dezembro de 1999.

Brasília, 31 de julho de 2003; 182º da Independência e 115º da República.

*Luiz Inácio Lula da Silva*
*DOU de 1º.8.2003*

## Lista de serviços anexa à Lei Complementar nº 116, de 31 de julho de 2003

(*) Atualizada até as alterações mais recentes, promovidas pela Lei Complementar nº 183, de 22.9.2021.

1 – Serviços de informática e congêneres.

1.01 – Análise e desenvolvimento de sistemas.

1.02 – Programação.

1.03 – Processamento, armazenamento ou hospedagem de dados, textos, imagens, vídeos, páginas ele

## ANEXO I – NORMAS COMPLEMENTARES

trônicas, aplicativos e sistemas de informação, entre outros formatos, e congêneres.

(*) Item 1.03 com redação dada pela Lei Complementar nº 157/2016.

1.04 – Elaboração de programas de computadores, inclusive de jogos eletrônicos, independentemente da arquitetura construtiva da máquina em que o programa será executado, incluindo *tablets*, *smartphones* e congêneres.

(*) Item 1.04 com redação dada pela Lei Complementar nº 157/2016.

1.05 – Licenciamento ou cessão de direito de uso de programas de computação.

1.06 – Assessoria e consultoria em informática.

1.07 – Suporte técnico em informática, inclusive instalação, configuração e manutenção de programas de computação e bancos de dados.

1.08 – Planejamento, confecção, manutenção e atualização de páginas eletrônicas.

1.09 – Disponibilização, sem cessão definitiva, de conteúdos de áudio, vídeo, imagem e texto por meio da internet, respeitada a imunidade de livros, jornais e periódicos (exceto a distribuição de conteúdos pelas prestadoras de Serviço de Acesso Condicionado, de que trata a Lei nº 12.485, de 12 de setembro de 2011, sujeita ao ICMS).

(*) Item 1.09 acrescido pela Lei Complementar nº 157/2016.

2 – Serviços de pesquisas e desenvolvimento de qualquer natureza.

2.01 – Serviços de pesquisas e desenvolvimento de qualquer natureza.

3 – Serviços prestados mediante locação, cessão de direito de uso e congêneres.

3.01 – (Vetado).

3.02 – Cessão de direito de uso de marcas e de sinais de propaganda.

3.03 – Exploração de salões de festas, centro de convenções, escritórios virtuais, *stands*, quadras esportivas, estádios, ginásios, auditórios, casas de espetáculos, parques de diversões, canchas e congêneres, para realização de eventos ou negócios de qualquer natureza.

3.04 – Locação, sublocação, arrendamento, direito de passagem ou permissão de uso, compartilhado ou não, de ferrovia, rodovia, postes, cabos, dutos e condutos de qualquer natureza.

3.05 – Cessão de andaimes, palcos, coberturas e outras estruturas de uso temporário.

4 – Serviços de saúde, assistência médica e congêneres.

4.01 – Medicina e biomedicina.

4.02 – Análises clínicas, patologia, eletricidade médica, radioterapia, quimioterapia, ultrassonografia, ressonância magnética, radiologia, tomografia e congêneres.

4.03 – Hospitais, clínicas, laboratórios, sanatórios, manicômios, casas de saúde, prontos-socorros, ambulatórios e congêneres.

4.04 – Instrumentação cirúrgica.

4.05 – Acupuntura.

4.06 – Enfermagem, inclusive serviços auxiliares.

4.07 – Serviços farmacêuticos.

4.08 – Terapia ocupacional, fisioterapia e fonoaudiologia.

4.09 – Terapias de qualquer espécie destinadas ao tratamento físico, orgânico e mental.

4.10 – Nutrição.

4.11 – Obstetrícia.

4.12 – Odontologia.

4.13 – Ortóptica.

4.14 – Próteses sob encomenda.

4.15 – Psicanálise.

4.16 – Psicologia.

4.17 – Casas de repouso e de recuperação, creches, asilos e congêneres.

4.18 – Inseminação artificial, fertilização *in vitro* e congêneres.

4.19 – Bancos de sangue, leite, pele, olhos, óvulos, sêmen e congêneres.

4.20 – Coleta de sangue, leite, tecidos, sêmen, órgãos e materiais biológicos de qualquer espécie.

4.21 – Unidade de atendimento, assistência ou tratamento móvel e congêneres.

4.22 – Planos de medicina de grupo ou individual e convênios para prestação de assistência médica, hospitalar, odontológica e congêneres.

(*) Vide Lei Complementar nº 175/2020.

4.23 – Outros planos de saúde que se cumpram através de serviços de terceiros contratados, credenciados, cooperados ou apenas pagos pelo operador do plano mediante indicação do beneficiário.

(*) Vide Lei Complementar nº 175/2020.

5 – Serviços de medicina e assistência veterinária e congêneres.

5.01 – Medicina veterinária e zootecnia.

5.02 – Hospitais, clínicas, ambulatórios, prontos-socorros e congêneres, na área veterinária.

5.03 – Laboratórios de análise na área veterinária.

5.04 – Inseminação artificial, fertilização *in vitro* e congêneres.

5.05 – Bancos de sangue e de órgãos e congêneres.

5.06 – Coleta de sangue, leite, tecidos, sêmen, órgãos e materiais biológicos de qualquer espécie.

5.07 – Unidade de atendimento, assistência ou tratamento móvel e congêneres.

5.08 – Guarda, tratamento, amestramento, embelezamento, alojamento e congêneres.

5.09 – Planos de atendimento e assistência médico-veterinária.

(*) Vide Lei Complementar nº 175/2020.

6 – Serviços de cuidados pessoais, estética, atividades físicas e congêneres.

6.01 – Barbearia, cabeleireiros, manicuros, pedicuros e congêneres.

6.02 – Esteticistas, tratamento de pele, depilação e congêneres.

6.03 – Banhos, duchas, sauna, massagens e congêneres.

6.04 – Ginástica, dança, esportes, natação, artes marciais e demais atividades físicas.

6.05 – Centros de emagrecimento, *spa* e congêneres.

6.06 – Aplicação de tatuagens, *piercings* e congêneres.

(*) Item 6.06 acrescido pela Lei Complementar nº 157/2016.

7 – Serviços relativos a engenharia, arquitetura, geologia, urbanismo, construção civil, manutenção, limpeza, meio ambiente, saneamento e congêneres.

7.01 – Engenharia, agronomia, agrimensura, arquitetura, geologia, urbanismo, paisagismo e congêneres.

7.02 – Execução, por administração, empreitada ou subempreitada, de obras de construção civil, hidráulica ou elétrica e de outras obras semelhantes, inclusive sondagem, perfuração de poços, escavação, drenagem e irrigação, terraplanagem, pavimentação, concretagem e a instalação e montagem de produtos, peças e equipamentos (exceto o fornecimento de mercadorias produzidas pelo prestador de serviços fora do local da prestação dos serviços, que fica sujeito ao ICMS).

7.03 – Elaboração de planos diretores, estudos de viabilidade, estudos organizacionais e outros, relacionados com obras e serviços de enge-

## ANEXO I – NORMAS COMPLEMENTARES

nharia; elaboração de anteprojetos, projetos básicos e projetos executivos para trabalhos de engenharia.

7.04 – Demolição.

7.05 – Reparação, conservação e reforma de edifícios, estradas, pontes, portos e congêneres (exceto o fornecimento de mercadorias produzidas pelo prestador dos serviços, fora do local da prestação dos serviços, que fica sujeito ao ICMS).

7.06 – Colocação e instalação de tapetes, carpetes, assoalhos, cortinas, revestimentos de parede, vidros, divisórias, placas de gesso e congêneres, com material fornecido pelo tomador do serviço.

7.07 – Recuperação, raspagem, polimento e lustração de pisos e congêneres.

7.08 – Calafetação.

7.09 – Varrição, coleta, remoção, incineração, tratamento, reciclagem, separação e destinação final de lixo, rejeitos e outros resíduos quaisquer.

7.10 – Limpeza, manutenção e conservação de vias e logradouros públicos, imóveis, chaminés, piscinas, parques, jardins e congêneres.

7.11 – Decoração e jardinagem, inclusive corte e poda de árvores.

7.12 – Controle e tratamento de efluentes de qualquer natureza e de agentes físicos, químicos e biológicos.

7.13 – Dedetização, desinfecção, desinsetização, imunização, higienização, desratização, pulverização e congêneres.

7.14 – (Vetado).

7.15 – (Vetado).

7.16 – Florestamento, reflorestamento, semeadura, adubação, reparação de solo, plantio, silagem, colheita, corte e descascamento de árvores, silvicultura, exploração florestal e dos serviços congêneres indissociáveis da formação, manutenção e colheita de florestas, para quaisquer fins e por quaisquer meios.

(*) Item 7.16 com redação dada pela Lei Complementar nº 157/2016.

7.17 – Escoramento, contenção de encostas e serviços congêneres.

7.18 – Limpeza e dragagem de rios, portos, canais, baías, lagos, lagoas, represas, açudes e congêneres.

7.19 – Acompanhamento e fiscalização da execução de obras de engenharia, arquitetura e urbanismo.

7.20 – Aerofotogrametria (inclusive interpretação), cartografia, mapeamento, levantamentos topográficos, batimétricos, geográficos, geodésicos, geológicos, geofísicos e congêneres.

7.21 – Pesquisa, perfuração, cimentação, mergulho, perfilagem, concretação, testemunhagem, pescaria, estimulação e outros serviços relacionados com a exploração e explotação de petróleo, gás natural e de outros recursos minerais.

7.22 – Nucleação e bombardeamento de nuvens e congêneres.

8 – Serviços de educação, ensino, orientação pedagógica e educacional, instrução, treinamento e avaliação pessoal de qualquer grau ou natureza.

8.01 – Ensino regular pré-escolar, fundamental, médio e superior.

8.02 – Instrução, treinamento, orientação pedagógica e educacional, avaliação de conhecimentos de qualquer natureza.

9 – Serviços relativos a hospedagem, turismo, viagens e congêneres.

9.01 – Hospedagem de qualquer natureza em hotéis, *apart-service* condominiais, *flat*, apart-hotéis, hotéis residência, *residence-service*, *suite service*, hotelaria marítima, motéis, pensões e congêneres; ocupação por temporada com fornecimento de serviço (o valor da alimentação e gorjeta, quando incluído no preço da diária, fica sujeito ao Imposto sobre Serviços).

9.02 – Agenciamento, organização, promoção, intermediação e execução de programas de turismo, passeios, viagens, excursões, hospedagens e congêneres.

9.03 – Guias de turismo.

10 – Serviços de intermediação e congêneres.

10.01 – Agenciamento, corretagem ou intermediação de câmbio, de seguros, de cartões de crédito, de planos de saúde e de planos de previdência privada.

10.02 – Agenciamento, corretagem ou intermediação de títulos em geral, valores mobiliários e contratos quaisquer.

10.03 – Agenciamento, corretagem ou intermediação de direitos de propriedade industrial, artística ou literária.

10.04 – Agenciamento, corretagem ou intermediação de contratos de arrendamento mercantil (*leasing*), de franquia (*franchising*) e de faturização (*factoring*).

10.05 – Agenciamento, corretagem ou intermediação de bens móveis ou imóveis, não abrangidos em outros itens ou subitens, inclusive aqueles realizados no âmbito de Bolsas de Mercadorias e Futuros, por quaisquer meios.

10.06 – Agenciamento marítimo.

10.07 – Agenciamento de notícias.

10.08 – Agenciamento de publicidade e propaganda, inclusive o agenciamento de veiculação por quaisquer meios.

10.09 – Representação de qualquer natureza, inclusive comercial.

10.10 – Distribuição de bens de terceiros.

11 – Serviços de guarda, estacionamento, armazenamento, vigilância e congêneres.

11.01 – Guarda e estacionamento de veículos terrestres automotores, de aeronaves e de embarcações.

11.02 – Vigilância, segurança ou monitoramento de bens, pessoas e semoventes.

(*) Item 11.02 com redação dada pela Lei Complementar nº 157/2016.

11.03 – Escolta, inclusive de veículos e cargas.

11.04 – Armazenamento, depósito, carga, descarga, arrumação e guarda de bens de qualquer espécie.

11.05 – Serviços relacionados ao monitoramento e rastreamento a distância, em qualquer via ou local, de veículos, cargas, pessoas e semoventes em circulação ou movimento, realizados por meio de telefonia móvel, transmissão de satélites, rádio ou qualquer outro meio, inclusive pelas empresas de Tecnologia da Informação Veicular, independentemente de o prestador de serviços ser proprietário ou não da infraestrutura de telecomunicações que utiliza.

(*) Item 11.05 acrescido pela Lei Complementar nº 183/2021.

12 – Serviços de diversões, lazer, entretenimento e congêneres.

12.01 – Espetáculos teatrais.

12.02 – Exibições cinematográficas.

12.03 – Espetáculos circenses.

12.04 – Programas de auditório.

12.05 – Parques de diversões, centros de lazer e congêneres.

12.06 – Boates, *taxi-dancing* e congêneres.

12.07 – Shows, *ballet*, danças, desfiles, bailes, óperas, concertos, recitais, festivais e congêneres.

12.08 – Feiras, exposições, congressos e congêneres.

12.09 – Bilhares, boliches e diversões eletrônicas ou não.

ANEXO I – NORMAS COMPLEMENTARES

12.10 – Corridas e competições de animais.

12.11 – Competições esportivas ou de destreza física ou intelectual, com ou sem a participação do espectador.

12.12 – Execução de música.

12.13 – Produção, mediante ou sem encomenda prévia, de eventos, espetáculos, entrevistas, *shows*, *ballet*, danças, desfiles, bailes, teatros, óperas, concertos, recitais, festivais e congêneres.

12.14 – Fornecimento de música para ambientes fechados ou não, mediante transmissão por qualquer processo.

12.15 – Desfiles de blocos carnavalescos ou folclóricos, trios elétricos e congêneres.

12.16 – Exibição de filmes, entrevistas, musicais, espetáculos, *shows*, concertos, desfiles, óperas, competições esportivas, de destreza intelectual ou congêneres.

12.17 – Recreação e animação, inclusive em festas e eventos de qualquer natureza.

13 – Serviços relativos a fonografia, fotografia, cinematografia e reprografia.

13.01 – (Vetado).

13.02 – Fonografia ou gravação de sons, inclusive trucagem, dublagem, mixagem e congêneres.

13.03 – Fotografia e cinematografia, inclusive revelação, ampliação, cópia, reprodução, trucagem e congêneres.

13.04 – Reprografia, microfilmagem e digitalização.

13.05 – Composição gráfica, inclusive confecção de impressos gráficos, fotocomposição, clicheria, zincografia, litografia e fotolitografia, exceto se destinados a posterior operação de comercialização ou industrialização, ainda que incorporados, de qualquer forma, a outra mercadoria que deva ser objeto de posterior circulação, tais como bulas, rótulos, etiquetas, caixas, cartuchos, embalagens e manuais técnicos e de instrução, quando ficarão sujeitos ao ICMS.

(*) Item 13.05 com redação dada pela Lei Complementar nº 157/2016.

14 – Serviços relativos a bens de terceiros.

14.01 – Lubrificação, limpeza, lustração, revisão, carga e recarga, conserto, restauração, blindagem, manutenção e conservação de máquinas, veículos, aparelhos, equipamentos, motores, elevadores ou de qualquer objeto (exceto peças e partes empregadas, que ficam sujeitas ao ICMS).

14.02 – Assistência técnica.

14.03 – Recondicionamento de motores (exceto peças e partes empregadas, que ficam sujeitas ao ICMS).

14.04 – Recauchutagem ou regeneração de pneus.

14.05 – Restauração, recondicionamento, acondicionamento, pintura, beneficiamento, lavagem, secagem, tingimento, galvanoplastia, anodização, corte, recorte, plastificação, costura, acabamento, polimento e congêneres de objetos quaisquer.

(*) Item 14.05 com redação dada pela Lei Complementar nº 157/2016.

14.06 – Instalação e montagem de aparelhos, máquinas e equipamentos, inclusive montagem industrial, prestados ao usuário final, exclusivamente com material por ele fornecido.

14.07 – Colocação de molduras e congêneres.

14.08 – Encadernação, gravação e douração de livros, revistas e congêneres.

14.09 – Alfaiataria e costura, quando o material for fornecido pelo usuário final, exceto aviamento.

14.10 – Tinturaria e lavanderia.

14.11 – Tapeçaria e reforma de estofamentos em geral.

14.12 – Funilaria e lanternagem.

14.13 – Carpintaria e serralheria.

14.14 – Guincho intramunicipal, guindaste e içamento.

(*) Item 14.14 acrescido pela Lei Complementar nº 157/2016.

15 – Serviços relacionados ao setor bancário ou financeiro, inclusive aqueles prestados por instituições financeiras autorizadas a funcionar pela União ou por quem de direito.

15.01 – Administração de fundos quaisquer, de consórcio, de cartão de crédito ou débito e congêneres, de carteira de clientes, de cheques pré-datados e congêneres.

(*) Vide Lei Complementar nº 175/2020.

15.02 – Abertura de contas em geral, inclusive conta-corrente, conta de investimentos e aplicação e caderneta de poupança, no País e no exterior, bem como a manutenção das referidas contas ativas e inativas.

15.03 – Locação e manutenção de cofres particulares, de terminais eletrônicos, de terminais de atendimento e de bens e equipamentos em geral.

15.04 – Fornecimento ou emissão de atestados em geral, inclusive atestado de idoneidade, atestado de capacidade financeira e congêneres.

15.05 – Cadastro, elaboração de ficha cadastral, renovação cadastral e congêneres, inclusão ou exclusão no Cadastro de Emitentes de Cheques sem Fundos – CCF ou em quaisquer outros bancos cadastrais.

15.06 – Emissão, reemissão e fornecimento de avisos, comprovantes e documentos em geral; abono de firmas; coleta e entrega de documentos, bens e valores; comunicação com outra agência ou com a administração central; licenciamento eletrônico de veículos; transferência de veículos; agenciamento fiduciário ou depositário; devolução de bens em custódia.

15.07 – Acesso, movimentação, atendimento e consulta a contas em geral, por qualquer meio ou processo, inclusive por telefone, fac-símile, internet e telex, acesso a terminais de atendimento, inclusive 24 (vinte e quatro) horas; acesso a outro banco e a rede compartilhada; fornecimento de saldo, extrato e demais informações relativas a contas em geral, por qualquer meio ou processo.

15.08 – Emissão, reemissão, alteração, cessão, substituição, cancelamento e registro de contrato de crédito; estudo, análise e avaliação de operações de crédito; emissão, concessão, alteração ou contratação de aval, fiança, anuência e congêneres; serviços relativos a abertura de crédito, para quaisquer fins.

15.09 – Arrendamento mercantil (*leasing*) de quaisquer bens, inclusive cessão de direitos e obrigações, substituição de garantia, alteração, cancelamento e registro de contrato, e demais serviços relacionados ao arrendamento mercantil (*leasing*).

(*) Vide Lei Complementar nº 175/2020.

15.10 – Serviços relacionados a cobranças, recebimentos ou pagamentos em geral, de títulos quaisquer, de con-

ANEXO I – NORMAS COMPLEMENTARES

tas ou carnês, de câmbio, de tributos e por conta de terceiros, inclusive os efetuados por meio eletrônico, automático ou por máquinas de atendimento; fornecimento de posição de cobrança, recebimento ou pagamento; emissão de carnês, fichas de compensação, impressos e documentos em geral.

15.11 – Devolução de títulos, protesto de títulos, sustação de protesto, manutenção de títulos, reapresentação de títulos, e demais serviços a eles relacionados.

15.12 – Custódia em geral, inclusive de títulos e valores mobiliários.

15.13 – Serviços relacionados a operações de câmbio em geral, edição, alteração, prorrogação, cancelamento e baixa de contrato de câmbio; emissão de registro de exportação ou de crédito; cobrança ou depósito no exterior; emissão, fornecimento e cancelamento de cheques de viagem; fornecimento, transferência, cancelamento e demais serviços relativos a carta de crédito de importação, exportação e garantias recebidas; envio e recebimento de mensagens em geral relacionadas a operações de câmbio.

(*) Vide Lei nº 5.143/1966.

(*) Vide Decreto nº 6.306/2007.

15.14 – Fornecimento, emissão, reemissão, renovação e manutenção de cartão magnético, cartão de crédito, cartão de débito, cartão salário e congêneres.

15.15 – Compensação de cheques e títulos quaisquer; serviços relacionados a depósito, inclusive depósito identificado, a saque de contas quaisquer, por qualquer meio ou processo, inclusive em terminais eletrônicos e de atendimento.

15.16 – Emissão, reemissão, liquidação, alteração, cancelamento e baixa de ordens de pagamento, ordens de crédito e similares, por qualquer meio ou processo; serviços relacionados à transferência de valores, dados, fundos, pagamentos e similares, inclusive entre contas em geral.

15.17 – Emissão, fornecimento, devolução, sustação, cancelamento e oposição de cheques quaisquer, avulso ou por talão.

15.18 – Serviços relacionados a crédito imobiliário, avaliação e vistoria de imóvel ou obra, análise técnica e jurídica, emissão, reemissão, alteração, transferência e renegociação de contrato, emissão e reemissão do termo de quitação e demais serviços relacionados a crédito imobiliário.

16 – Serviços de transporte de natureza municipal.

16.01 – Serviços de transporte coletivo municipal rodoviário, metroviário, ferroviário e aquaviário de passageiros.

(*) Item 16.01 com redação dada pela Lei Complementar nº 157/2016.

16.02 – Outros serviços de transporte de natureza municipal.

(*) Item 16.02 acrescido pela Lei Complementar nº 157/2016.

17 – Serviços de apoio técnico, administrativo, jurídico, contábil, comercial e congêneres.

17.01 – Assessoria ou consultoria de qualquer natureza, não contida em outros itens desta lista; análise, exame, pesquisa, coleta, compilação e fornecimento de dados e informações de qualquer natureza, inclusive cadastro e similares.

17.02 – Datilografia, digitação, estenografia, expediente, secretaria em

## ANEXOS

geral, resposta audível, redação, edição, interpretação, revisão, tradução, apoio e infraestrutura administrativa e congêneres.

17.03 – Planejamento, coordenação, programação ou organização técnica, financeira ou administrativa.

17.04 – Recrutamento, agenciamento, seleção e colocação de mão de obra.

17.05 – Fornecimento de mão de obra, mesmo em caráter temporário, inclusive de empregados ou trabalhadores, avulsos ou temporários, contratados pelo prestador de serviço.

17.06 – Propaganda e publicidade, inclusive promoção de vendas, planejamento de campanhas ou sistemas de publicidade, elaboração de desenhos, textos e demais materiais publicitários.

17.07 – (Vetado).

17.08 – Franquia (*franchising*).

17.09 – Perícias, laudos, exames técnicos e análises técnicas.

17.10 – Planejamento, organização e administração de feiras, exposições, congressos e congêneres.

17.11 – Organização de festas e recepções; bufê (exceto o fornecimento de alimentação e bebidas, que fica sujeito ao ICMS).

17.12 – Administração em geral, inclusive de bens e negócios de terceiros.

17.13 – Leilão e congêneres.

17.14 – Advocacia.

17.15 – Arbitragem de qualquer espécie, inclusive jurídica.

17.16 – Auditoria.

17.17 – Análise de Organização e Métodos.

17.18 – Atuária e cálculos técnicos de qualquer natureza.

17.19 – Contabilidade, inclusive serviços técnicos e auxiliares.

17.20 – Consultoria e assessoria econômica ou financeira.

17.21 – Estatística.

17.22 – Cobrança em geral.

17.23 – Assessoria, análise, avaliação, atendimento, consulta, cadastro, seleção, gerenciamento de informações, administração de contas a receber ou a pagar e em geral, relacionados a operações de faturização (*factoring*).

17.24 – Apresentação de palestras, conferências, seminários e congêneres.

17.25 – Inserção de textos, desenhos e outros materiais de propaganda e publicidade, em qualquer meio (exceto em livros, jornais, periódicos e nas modalidades de serviços de radiodifusão sonora e de sons e imagens de recepção livre e gratuita).

(*) Item 17.25 acrescido pela Lei Complementar nº 157/2016.

18 – Serviços de regulação de sinistros vinculados a contratos de seguros; inspeção e avaliação de riscos para cobertura de contratos de seguros; prevenção e gerência de riscos seguráveis e congêneres.

18.01 – Serviços de regulação de sinistros vinculados a contratos de seguros; inspeção e avaliação de riscos para cobertura de contratos de seguros; prevenção e gerência de riscos seguráveis e congêneres.

19 – Serviços de distribuição e venda de bilhetes e demais produtos de loteria, bingos, cartões, pules ou cupons de apostas, sorteios, prêmios, inclusive os decorrentes de títulos de capitalização e congêneres.

## ANEXO I – NORMAS COMPLEMENTARES

19.01 – Serviços de distribuição e venda de bilhetes e demais produtos de loteria, bingos, cartões, pules ou cupons de apostas, sorteios, prêmios, inclusive os decorrentes de títulos de capitalização e congêneres.

20 – Serviços portuários, aeroportuários, ferroportuários, de terminais rodoviários, ferroviários e metroviários.

20.01 – Serviços portuários, ferroportuários, utilização de porto, movimentação de passageiros, reboque de embarcações, rebocador escoteiro, atracação, desatracação, serviços de praticagem, capatazia, armazenagem de qualquer natureza, serviços acessórios, movimentação de mercadorias, serviços de apoio marítimo, de movimentação ao largo, serviços de armadores, estiva, conferência, logística e congêneres.

20.02 – Serviços aeroportuários, utilização de aeroporto, movimentação de passageiros, armazenagem de qualquer natureza, capatazia, movimentação de aeronaves, serviços de apoio aeroportuários, serviços acessórios, movimentação de mercadorias, logística e congêneres.

20.03 – Serviços de terminais rodoviários, ferroviários, metroviários, movimentação de passageiros, mercadorias, inclusive suas operações, logística e congêneres.

21 – Serviços de registros públicos, cartorários e notariais.

21.01 – Serviços de registros públicos, cartorários e notariais.

22 – Serviços de exploração de rodovia.

22.01 – Serviços de exploração de rodovia mediante cobrança de preço ou pedágio dos usuários, envolvendo execução de serviços de conservação, manutenção, melhoramentos para adequação de capacidade e segurança de trânsito, operação, monitoração, assistência aos usuários e outros serviços definidos em contratos, atos de concessão ou de permissão ou em normas oficiais.

23 – Serviços de programação e comunicação visual, desenho industrial e congêneres.

23.01 – Serviços de programação e comunicação visual, desenho industrial e congêneres.

24 – Serviços de chaveiros, confecção de carimbos, placas, sinalização visual, *banners*, adesivos e congêneres.

24.01 – Serviços de chaveiros, confecção de carimbos, placas, sinalização visual, *banners*, adesivos e congêneres.

25 – Serviços funerários.

25.01 – Funerais, inclusive fornecimento de caixão, urna ou esquifes; aluguel de capela; transporte do corpo cadavérico; fornecimento de flores, coroas e outros paramentos; desembaraço de certidão de óbito; fornecimento de véu, essa e outros adornos; embalsamento, embelezamento, conservação ou restauração de cadáveres.

25.02 – Translado intramunicipal e cremação de corpos e partes de corpos cadavéricos.

(*) Item 25.02 com redação dada pela Lei Complementar nº 157/2016.

25.03 – Planos ou convênio funerários.

25.04 – Manutenção e conservação de jazigos e cemitérios.

25.05 – Cessão de uso de espaços em cemitérios para sepultamento.

(*) Item 25.05 acrescido pela Lei Complementar nº 157/2016.

ANEXOS

26 – Serviços de coleta, remessa ou entrega de correspondências, documentos, objetos, bens ou valores, inclusive pelos correios e suas agências franqueadas; *courrier* e congêneres.

26.01 – Serviços de coleta, remessa ou entrega de correspondências, documentos, objetos, bens ou valores, inclusive pelos correios e suas agências franqueadas; *courrier* e congêneres.

27 – Serviços de assistência social.

27.01 – Serviços de assistência social.

28 – Serviços de avaliação de bens e serviços de qualquer natureza.

28.01 – Serviços de avaliação de bens e serviços de qualquer natureza.

29 – Serviços de biblioteconomia.

29.01 – Serviços de biblioteconomia.

30 – Serviços de biologia, biotecnologia e química.

30.01 – Serviços de biologia, biotecnologia e química.

31 – Serviços técnicos em edificações, eletrônica, eletrotécnica, mecânica, telecomunicações e congêneres.

31.01 – Serviços técnicos em edificações, eletrônica, eletrotécnica, mecânica, telecomunicações e congêneres.

32 – Serviços de desenhos técnicos.

32.01 – Serviços de desenhos técnicos.

33 – Serviços de desembaraço aduaneiro, comissários, despachantes e congêneres.

33.01 – Serviços de desembaraço aduaneiro, comissários, despachantes e congêneres.

34 – Serviços de investigações particulares, detetives e congêneres.

34.01 – Serviços de investigações particulares, detetives e congêneres.

35 – Serviços de reportagem, assessoria de imprensa, jornalismo e relações públicas.

35.01 – Serviços de reportagem, assessoria de imprensa, jornalismo e relações públicas.

36 – Serviços de meteorologia.

36.01 – Serviços de meteorologia.

37 – Serviços de artistas, atletas, modelos e manequins.

37.01 – Serviços de artistas, atletas, modelos e manequins.

38 – Serviços de museologia.

38.01 – Serviços de museologia.

39 – Serviços de ourivesaria e lapidação.

39.01 – Serviços de ourivesaria e lapidação (quando o material for fornecido pelo tomador do serviço).

40 – Serviços relativos a obras de arte sob encomenda.

40.01 – Obras de arte sob encomenda.

## LEI COMPLEMENTAR Nº 118, DE 9 DE FEVEREIRO DE 2005

[Art. 168, I, do CTN]

*(Excertos)*

Altera e acrescenta dispositivos à Lei nº 5.172, de 25 de outubro de 1966 – Código Tributário Nacional, e dispõe sobre a interpretação do inciso I do art. 168 da mesma Lei.

O Presidente da República,

Faço saber que o Congresso Nacional decreta e eu sanciono a seguinte Lei:

**Art. 1º.** A Lei nº 5.172, de 25 de outubro de 1966 – Código Tributário Nacional, passa a vigorar com as seguintes alterações:

(*) Alterações já efetuadas no corpo da Lei.

**Art. 2º.** A Lei nº 5.172, de 25 de outubro de 1966 – Código Tributário Nacional, passa a vigorar acrescida dos seguintes arts. 185-A e 191-A:

(*) Alterações já efetuadas no corpo da Lei.

**Art. 3º.** Para efeito de interpretação do inciso I do art. 168 da Lei nº 5.172, de 25 de outubro de 1966 – Código Tributário Nacional, a extinção do crédito tributário ocorre, no caso de tributo sujeito a lançamento por homologação, no momento do pagamento antecipado de que trata o § 1º do art. 150 da referida Lei.

**Art. 4º.** Esta Lei entra em vigor 120 (cento e vinte) dias após sua publicação, observado, quanto ao art. 3º, o disposto no art. 106, inciso I, da Lei nº 5.172, de 25 de outubro de 1966 – Código Tributário Nacional.

Brasília, 9 de fevereiro de 2005; 184º da Independência e 117º da República.

*Luiz Inácio Lula da Silva*

*DOU de 9.2.2005 – Edição extra*

## LEI COMPLEMENTAR Nº 143, DE 17 DE JULHO DE 2013

*(Excertos)*

Altera a Lei Complementar nº 62, de 28 de dezembro de 1989, a Lei nº 5.172, de 25 de outubro de 1966 (Código Tributário Nacional), e a Lei nº 8.443, de 16 de julho de 1992 (Lei Orgânica do Tribunal de Contas da União), para dispor sobre os critérios de rateio do Fundo de Participação dos Estados e do Distrito Federal (FPE); e revoga dispositivos da Lei nº 5.172, de 25 de outubro de 1966.

A Presidenta da República,

Faço saber que o Congresso Nacional decreta e eu sanciono a seguinte Lei Complementar:

.................................................

**Art. 2º.** O art. 92 da Lei nº 5.172, de 25 de outubro de 1966 (Código Tributário Nacional), passa a vigorar com a seguinte redação:

(*) Alterações já efetuadas no corpo da Lei.

**Art. 3º.** Para os coeficientes dos Estados e do Distrito Federal que vigorarão no exercício de 2013, a comunicação referida no *caput* do art. 92 da Lei nº 5.172, de 1966, será feita até 30 (trinta) dias após a publicação desta Lei Complementar.

.................................................

**Art. 6º.** Revogam-se os arts. 86 a 89 e 93 a 95 da Lei nº 5.172, de 25 de outubro de 1966 (Código Tributário Nacional), e os §§ 1º e 2º do art. 102 da Lei nº 8.443, de 16 de julho de 1992 (Lei Orgânica do Tribunal de Contas da União).

**Art. 7º.** Esta Lei Complementar entra em vigor na data de sua publicação, produzindo efeitos financeiros no primeiro mês que se iniciar após 60 (sessenta) dias dessa data.

Brasília, 17 de julho de 2013; 192º da Independência e 125º da República.

*Dilma Rousseff*
*DOU de 18.7.2013*

## LEI COMPLEMENTAR Nº 157, DE 29 DE DEZEMBRO DE 2016

*(Excertos)*

*Altera a Lei Complementar nº 116, de 31 de julho de 2003, que dispõe sobre o Imposto sobre Serviços de Qualquer Natureza, a Lei nº 8.429, de 2 de junho de 1992 (Lei de Improbidade Administrativa), e a Lei Complementar nº 63, de 11 de janeiro de 1990, que "dispõe sobre critérios e prazos de crédito das parcelas do produto da arrecadação de impostos de competência dos Estados e de transferências por estes recebidos, pertencentes aos Municípios, e dá outras providências".*

O Presidente da República,

Faço saber que o Congresso Nacional decreta e eu sanciono a seguinte Lei Complementar:

**Art. 1º.** A Lei Complementar nº 116, de 31 de julho de 2003, passa a vigorar com as seguintes alterações:

(*) Alterações já efetuadas no corpo da Lei.

(*) ADI nº 5.835 proposta pela CONSIF e CNSEG possui liminar de 23 de março de 2018 concedendo medida cautelar pleiteada para SUSPENDER a eficácia do artigo 1º da Lei Complementar nº 157/2016, na parte que modificou o art. 3º, XXIII, XXIV e XXV, e os parágrafos 3º e 4º do art. 6º da Lei Complementar nº 116/2003; bem como, por arrastamento, para suspender a eficácia de toda legislação local editada para sua direta complementação.

**Art. 2º.** A Lei Complementar nº 116, de 31 de julho de 2003, passa a vigorar acrescida do seguinte art. 8º-A:

(*) Alterações já efetuadas no corpo da Lei.

**Art. 3º.** A lista de serviços anexa à Lei Complementar nº 116, de 31 de julho de 2003, passa a vigorar com as alterações constantes do Anexo desta Lei Complementar.

(*) Alterações já efetuadas no corpo da Lei.

.................................................................

**Art. 6º.** Os entes federados deverão, no prazo de 1 (um) ano contado da publicação desta Lei Complementar, revogar os dispositivos que contrariem o disposto no *caput* e no § 1º do art. 8º-A da Lei Complementar nº 116, de 31 de julho de 2003.

**Art. 7º.** Esta Lei Complementar entra em vigor na data de sua publicação.

§ 1º. O disposto no *caput* e nos §§ 1º e 2º do art. 8º-A da Lei Complementar nº 116, de 31 de julho de 2003, e no art. 10-A, no inciso IV do art. 12 e no § 13 do art. 17, todos da Lei nº 8.429, de 2 de junho de 1992, somente produzirão efeitos após o decurso do prazo referido no art. 6º desta Lei Complementar.

§ 2º. O disposto nos §§ 1º-A e 1º-B do art. 3º da Lei Complementar nº 63, de 11 de janeiro de 1990, produzirá efeitos a partir do primeiro dia do exercício subsequente ao da entrada em vigor desta Lei Complementar, ou do primeiro dia do sétimo mês subsequente a esta data, caso este último prazo seja posterior.

Brasília, 29 de dezembro de 2016; 195º da Independência e 128º da República.

*Michel Temer*
*DOU de 30.12.2016*

ANEXO I – NORMAS COMPLEMENTARES

## LEI COMPLEMENTAR Nº 174, DE 5 DE AGOSTO DE 2020

*Autoriza a extinção de créditos tributários apurados na forma do Regime Especial Unificado de Arrecadação de Tributos e Contribuições devidos pelas Microempresas e Empresas de Pequeno Porte (Simples Nacional), mediante celebração de transação resolutiva de litígio; e prorroga o prazo para enquadramento no Simples Nacional em todo o território brasileiro, no ano de 2020, para microempresas e empresas de pequeno porte em início de atividade.*

O Presidente da República

Faço saber que o Congresso Nacional decreta e eu sanciono a seguinte Lei:

**Art. 1º.** Esta Lei Complementar autoriza a extinção de créditos tributários apurados na forma do Regime Especial Unificado de Arrecadação de Tributos e Contribuições devidos pelas Microempresas e Empresas de Pequeno Porte (Simples Nacional), mediante celebração de transação resolutiva de litígio, e prorroga o prazo para enquadramento no Simples Nacional em todo o território brasileiro, no ano de 2020, para microempresas e empresas de pequeno porte em início de atividade.

**Art. 2º.** Os créditos da Fazenda Pública apurados na forma do Simples Nacional, instituído pela Lei Complementar nº 123, de 14 de dezembro de 2006,• em fase de contencioso administrativo ou judicial ou inscritos em dívida ativa poderão ser extintos mediante transação resolutiva de litígio, nos termos do art. 171 da Lei nº 5.172, de 25 de outubro de 1966 (Código Tributário Nacional).

♦ LC nº 123/2006 – Estatuto Nacional da Microempresa e da Empresa de Pequeno Porte.

Parágrafo único. Na hipótese do *caput* deste artigo, a transação será celebrada nos termos da Lei nº 13.988, de 14 de abril de 2020,• ressalvada a hipótese prevista no § 3º do art. 41 da Lei Complementar nº 123, de 14 dezembro de 2006.

♦ Lei nº 13.988/2020, que dispõe sobre a transação.

**Art. 3º.** A transação resolutiva de litígio relativo aÌ cobrança de créditos da Fazenda Pública não caracteriza renúncia de receita para fins do disposto no art. 14 da Lei Complementar nº 101, de 4 de maio de 2000.

**Art. 4º.** As microempresas e empresas de pequeno porte em início de atividade inscritas no Cadastro Nacional da Pessoa Jurídica (CNPJ) em 2020 poderão fazer a opção pelo Simples Nacional, prevista no art. 16 da Lei Complementar nº 123, de 14 de dezembro de 2006, no prazo de 180 (cento e oitenta) dias, contado da data de abertura constante do CNPJ.

§ 1º. A opção prevista no *caput* deste artigo:

I – deverá observar o prazo de até 30 (trinta) dias, contado do último deferimento de inscrição, seja ela a municipal, seja, caso exigível, a estadual; e

II – não afastará as vedações previstas na Lei Complementar nº 123, de 14 de dezembro de 2006•.

♦ Lei Complementar nº 123/2006 – Estatuto Nacional da Microempresa e da Empresa de Pequeno Porte.

§ 2º. O disposto neste artigo será regulamentado por resolução do Comitê Gestor do Simples Nacional.

**Art. 5º.** Esta Lei Complementar entra em vigor na data de sua publicação.

Brasília, 5 de agosto de 2020; 199º da Independência e 132º da República.

*Jair Messias Bolsonaro*
*DOU de 6.8.2020*

## ANEXOS

## LEI COMPLEMENTAR Nº 175, DE 23 DE SETEMBRO DE 2020

*Dispõe sobre o padrão nacional de obrigação acessória do Imposto Sobre Serviços de Qualquer Natureza (ISSQN), de competência dos Municípios e do Distrito Federal, incidente sobre os serviços previstos nos subitens 4.22, 4.23, 5.09, 15.01 e 15.09 da lista de serviços anexa à Lei Complementar nº 116, de 31 de julho de 2003; altera dispositivos da referida Lei Complementar; prevê regra de transição para a partilha do produto da arrecadação do ISSQN entre o Município do local do estabelecimento prestador e o Município do domicílio do tomador relativamente aos serviços de que trata; e dá outras providências.*

O Presidente da República

Faço saber que o Congresso Nacional decreta e eu sanciono a seguinte Lei Complementar:

**Art. 1º.** Esta Lei Complementar dispõe sobre o padrão nacional de obrigação acessória do Imposto Sobre Serviços de Qualquer Natureza (ISSQN), de competência dos Municípios e do Distrito Federal, incidente sobre os serviços previstos nos subitens 4.22, 4.23, 5.09, 15.01 e 15.09 da lista de serviços anexa à Lei Complementar nº 116, de 31 de julho de 2003; altera dispositivos da referida Lei Complementar; prevê regra de transição para a partilha do produto da arrecadação do ISSQN entre o Município do local do estabelecimento prestador e o Município do domicílio do tomador relativamente aos serviços de que trata, cujo período de apuração esteja compreendido entre a data de publicação desta Lei Complementar e o último dia do exercício financeiro de 2022; e dá outras providências.

**Art. 2º.** O ISSQN devido em razão dos serviços referidos no art. 1º será apurado pelo contribuinte e declarado por meio de sistema eletrônico de padrão unificado em todo o território nacional.

§ 1º. O sistema eletrônico de padrão unificado de que trata o *caput* será desenvolvido pelo contribuinte, individualmente ou em conjunto com outros contribuintes sujeitos às disposições desta Lei Complementar, e seguirá leiautes e padrões definidos pelo Comitê Gestor das Obrigações Acessórias do ISSQN (CGOA), nos termos dos arts. 9º a 11 desta Lei Complementar.

§ 2º. O contribuinte deverai franquear aos Municípios e ao Distrito Federal acesso mensal e gratuito ao sistema eletrônico de padrão unificado utilizado para cumprimento da obrigação acessória padronizada.

§ 3º. Quando o sistema eletrônico de padrão unificado for desenvolvido em conjunto por mais de um contribuinte, cada contribuinte acessarai o sistema exclusivamente em relação às suas próprias informações.

§ 4º. Os Municípios e o Distrito Federal acessarão o sistema eletrônico de padrão unificado dos contribuintes exclusivamente em relação às informações de suas respectivas competências.

**Art. 3º.** O contribuinte do ISSQN declarará as informações objeto da obrigação acessória de que trata esta Lei Complementar de forma padronizada, exclusivamente por meio do sistema eletrônico de que trata o art. 2º, até o 25º (vigésimo quinto) dia do mês seguinte ao de ocorrência dos fatos geradores.

Parágrafo único. A falta da declaração, na forma do *caput*, das informações relativas a determinado Município ou ao Distrito Federal sujeitará o

## ANEXO I – NORMAS COMPLEMENTARES

contribuinte às disposições da respectiva legislação.

**Art. 4º.** Cabe aos Municípios e ao Distrito Federal fornecer as seguintes informações diretamente no sistema eletrônico do contribuinte, conforme definições do CGOA:

I – alíquotas, conforme o período de vigência, aplicadas aos serviços referidos no art. 1º desta Lei Complementar;

II – arquivos da legislação vigente no Município ou no Distrito Federal que versem sobre os serviços referidos no art. 1º desta Lei Complementar;

III – dados do domicílio bancário para recebimento do ISSQN.

§ 1º. Os Municípios e o Distrito Federal terão até o último dia do mês subsequente ao da disponibilização do sistema de cadastro para fornecer as informações de que trata o *caput*, sem prejuízo do recebimento do imposto devido retroativo a janeiro de 2021.

§ 2º. Na hipótese de atualização, pelos Municípios e pelo Distrito Federal, das informações de que trata o *caput*, essas somente produzirão efeitos no período de competência mensal seguinte ao de sua inserção no sistema, observado o disposto no art. 150, inciso III, alíneas "b" e "c", da Constituição Federal, no que se refere à base de cálculo e à alíquota, bem como ao previsto no § 1º deste artigo.

§ 3º. É de responsabilidade dos Municípios e do Distrito Federal a higidez dos dados que esses prestarem no sistema previsto no *caput*, sendo vedada a imposição de penalidades ao contribuinte em caso de omissão, de inconsistência ou de inexatidão de tais dados.

**Art. 5º.** Ressalvadas as hipóteses previstas nesta Lei Complementar, é vedada aos Municípios e ao Distrito Federal a imposição a contribuintes não estabelecidos em seu território de qualquer outra obrigação acessória com relação aos serviços referidos no art. 1º, inclusive a exigência de inscrição nos cadastros municipais e distritais ou de licenças e alvarás de abertura de estabelecimentos nos respectivos Municípios e no Distrito Federal.

**Art. 6º.** A emissão, pelo contribuinte, de notas fiscais de serviços referidos no art. 1º pode ser exigida, nos termos da legislação de cada Município e do Distrito Federal, exceto para os serviços descritos nos subitens 15.01 e 15.09, que são dispensados da emissão de notas fiscais.

**Art. 7º.** O ISSQN de que trata esta Lei Complementar será pago até o 15º (décimo quinto) dia do mês subsequente ao de ocorrência dos fatos geradores, exclusivamente por meio de transferência bancária, no âmbito do Sistema de Pagamentos Brasileiro (SPB), ao domicílio bancário informado pelos Municípios e pelo Distrito Federal, nos termos do inciso III do art. 4º.

§ 1º. Quando não houver expediente bancário no 15º (décimo quinto) dia do mês subsequente ao de ocorrência dos fatos geradores, o vencimento do ISSQN será antecipado para o 1º (primeiro) dia anterior com expediente bancário.

§ 2º. O comprovante da transferência bancária emitido segundo as regras do SPB é documento hábil para comprovar o pagamento do ISSQN.

**Art. 8º.** É vedada a atribuição, a terceira pessoa, de responsabilidade pelo crédito tributário relativa aos serviços referidos no art. 1º desta Lei Complementar, permanecendo a responsabilidade exclusiva do contribuinte.

**Art. 9º.** É instituído o Comitê Gestor das Obrigações Acessórias do ISSQN (CGOA).

**Art. 10.** Compete ao CGOA regular a aplicação do padrão nacional

## ANEXOS

da obrigação acessória dos serviços referidos no art. 1º.

§ 1º. O leiaute, o acesso e a forma de fornecimento das informações serão definidos pelo CGOA e somente poderão ser alterados após decorrido o prazo de 3 (três) anos, contado da definição inicial ou da última alteração.

§ 2º. A alteração do leiaute ou da forma de fornecimento das informações será comunicada pelo CGOA com o prazo de pelo menos 1 (um) ano antes de sua entrada em vigor.

**Art. 11.** O CGOA será composto de 10 (dez) membros, representando as regiões Sul, Sudeste, Centro-Oeste, Nordeste e Norte do Brasil, da seguinte forma:

I – 1 (um) representante de Município capital ou do Distrito Federal por região;

II – 1 (um) representante de Município não capital por região.

§ 1º. Para cada representante titular será indicado 1 (um) suplente, observado o critério regional adotado nos incisos I e II do *caput*.

§ 2º. Os representantes dos Municípios previstos no inciso I do *caput* serão indicados pela Frente Nacional de Prefeitos (FNP), e os representantes previstos no inciso II do *caput*, pela Confederação Nacional de Municípios (CNM).

§ 3º. O CGOA elaborará seu regimento interno mediante resolução.

**Art. 12.** É instituído o Grupo Técnico do Comitê Gestor das Obrigações Acessórias do ISSQN (GTCGOA), que auxiliará o CGOA e terá a participação de representantes dos contribuintes dos serviços referidos no art. 1º desta Lei Complementar.

§ 1º. O GTCGOA será composto de 4 (quatro) membros:

I – 2 (dois) membros indicados pelas entidades municipalistas que compõem o CGOA;

II – 2 (dois) membros indicados pela Confederação Nacional das Instituições Financeiras (CNF), representando os contribuintes.

§ 2º. O GTCGOA terá suas atribuições definidas pelo CGOA mediante resolução.

**Art. 13.** Em relação às competências de janeiro, fevereiro e março de 2021, é assegurada ao contribuinte a possibilidade de recolher o ISSQN e de declarar as informações objeto da obrigação acessória de que trata o art. 2º desta Lei Complementar até o 15º (décimo quinto) dia do mês de abril de 2021, sem a imposição de nenhuma penalidade.

Parágrafo único. O ISSQN de que trata o *caput* será atualizado pela taxa referencial do Sistema Especial de Liquidação e de Custódia (Selic) para títulos federais, a partir do 1º (primeiro) dia do mês subsequente ao mês de seu vencimento normal até o mês anterior ao do pagamento, e pela taxa de 1% (um por cento) no mês de pagamento.

**Art. 14.** A Lei Complementar nº 116, de 31 de julho de 2003, passa a vigorar com as seguintes alterações:

(*) Alterações já efetuadas no corpo da Lei.

**Art. 15.** O produto da arrecadação do ISSQN relativo aos serviços descritos nos subitens 4.22, 4.23, 5.09, 15.01 e 15.09 da lista de serviços anexa à Lei Complementar nº 116, de 31 de julho de 2003, cujo período de apuração esteja compreendido entre a data de publicação desta Lei Complementar e o último dia do exercício financeiro de 2022 será partilhado entre o Município do local do estabelecimento prestador e o Município do domicílio do tomador desses serviços, da seguinte forma:

I – relativamente aos períodos de apuração ocorridos no exercício de 2021, 33,5% (trinta e três inteiros e cinco décimos por cento) do produto da arrecadação pertencerão ao Município do local do estabelecimento prestador do serviço, e 66,5% (sessenta e seis inteiros e cinco décimos por cento), ao Município do domicílio do tomador;

II – relativamente aos períodos de apuração ocorridos no exercício de 2022, 15% (quinze por cento) do produto da arrecadação pertencerão ao Município do local do estabelecimento prestador do serviço, e 85% (oitenta e cinco por cento), ao Município do domicílio do tomador;

III – relativamente aos períodos de apuração ocorridos a partir do exercício de 2023, 100% (cem por cento) do produto da arrecadação pertencerão ao Município do domicílio do tomador.

§ 1º. Na ausência de convênio, ajuste ou protocolo firmado entre os Municípios interessados ou entre esses e o CGOA para regulamentação do disposto no *caput* deste artigo, o Município do domicílio do tomador do serviço deverá transferir ao Município do local do estabelecimento prestador a parcela do imposto que lhe cabe até o 5º (quinto) dia útil seguinte ao seu recolhimento.

§ 2º. O Município do domicílio do tomador do serviço poderá atribuir às instituições financeiras arrecadadoras a obrigação de reter e de transferir ao Município do estabelecimento prestador do serviço os valores correspondentes à respectiva participação no produto da arrecadação do ISSQN.

**Art. 16.** Revoga-se o § 3º do art. 6º da Lei Complementar nº 116, de 31 de julho de 2003.

**Art. 17.** Esta Lei Complementar entra em vigor na data de sua publicação.

Brasília, 23 de setembro de 2020; 199º da Independência e 132º da República.

*Jair Messias Bolsonaro*
*DOU de 24.9.2020*


## LEI Nº 13.988, DE 14 DE ABRIL DE 2020

*Dispõe sobre a transação nas hipóteses que especifica; e altera as Leis nºs 13.464, de 10 de julho de 2017, e 10.522, de 19 de julho de 2002.*

O Presidente da República

Faço saber que o Congresso Nacional decreta e eu sanciono a seguinte Lei:

## Capítulo I
### DISPOSIÇÕES GERAIS

**Art. 1º.** Esta Lei estabelece os requisitos e as condições para que a União, as suas autarquias e fundações, e os devedores ou as partes adversas realizem transação resolutiva de litígio relativo à cobrança de créditos da Fazenda Pública, de natureza tributária ou não tributária.

§ 1º. A União, em juízo de oportunidade e conveniência, poderá celebrar transação em quaisquer das modalidades de que trata esta Lei, sempre que, motivadamente, entender que a medida atende ao interesse público.

§ 2º. Para fins de aplicação e regulamentação desta Lei, serão observados, entre outros, os princípios da isonomia, da capacidade contributiva, da transparência, da moralidade, da razoável duração dos processos e da eficiência e, resguardadas as informações protegidas por sigilo, o princípio da publicidade.

§ 3º. A observância do princípio da transparência será efetivada, entre outras ações, pela divulgação em meio eletrônico de todos os termos de transação celebrados, com informações que viabilizem o atendimento do princípio da isonomia, resguardadas as legalmente protegidas por sigilo.

§ 4º. Aplica-se o disposto nesta Lei:

I – aos créditos tributários não judicializados sob a administração da Secretaria Especial da Receita Federal do Brasil do Ministério da Economia;

II – à dívida ativa e aos tributos da União, cujas inscrição, cobrança e representação incumbam à Procuradoria-Geral da Fazenda Nacional, nos termos do art. 12 da Lei Complementar nº 73, de 10 de fevereiro de 1993; e

III – no que couber, à dívida ativa das autarquias e das fundações públicas federais, cujas inscrição, cobrança e representação incumbam à Procuradoria-Geral Federal, e aos créditos cuja cobrança seja competência da Procuradoria-Geral da União, nos termos de ato do Advogado-Geral da União e sem prejuízo do disposto na Lei nº 9.469, de 10 de julho de 1997♦.

♦ Vide Lei nº 9.469/1997, que regulamenta o disposto no inciso VI do art. 4º da LC nº 73/1993, dispõe sobre a intervenção da União nas causas em que figurarem, como autores ou réus, entes da administração indireta e dá outras providências.

§ 5º. A transação de créditos de natureza tributária será realizada nos termos do art. 171 da Lei nº 5.172, de 25 de outubro de 1966 (Código Tributário Nacional).

**Art. 2º.** Para fins desta Lei, são modalidades de transação as realizadas:

I – por proposta individual ou por adesão, na cobrança de créditos inscritos na dívida ativa da União, de suas autarquias e fundações públicas, ou na cobrança de créditos que seja competência da Procuradoria-Geral da União;

II – por adesão, nos demais casos de contencioso judicial ou administrativo tributário; e

III – por adesão, no contencioso tributário de pequeno valor.

Parágrafo único. A transação por adesão implica aceitação pelo devedor de todas as condições fixadas no edital que a propõe.

**Art. 3º.** A proposta de transação deverá expor os meios para a extinção dos créditos nela contemplados e estará condicionada, no mínimo, à assunção pelo devedor dos compromissos de:

I – não utilizar a transação de forma abusiva, com a finalidade de limitar, de falsear ou de prejudicar, de qualquer forma, a livre concorrência ou a livre iniciativa econômica;

II – não utilizar pessoa natural ou jurídica interposta para ocultar ou dissimular a origem ou a destinação de bens, de direitos e de valores, os seus reais interesses ou a identidade dos beneficiários de seus atos, em prejuízo da Fazenda Pública federal;

III – não alienar nem onerar bens ou direitos sem a devida comunicação ao órgão da Fazenda Pública competente, quando exigido em lei;

IV – desistir das impugnações ou dos recursos administrativos que tenham por objeto os créditos incluídos na transação e renunciar a quaisquer alegações de direito sobre as quais se fundem as referidas impugnações ou recursos; e

## ANEXO I – NORMAS COMPLEMENTARES

V – renunciar a quaisquer alegações de direito, atuais ou futuras, sobre as quais se fundem ações judiciais, inclusive as coletivas, ou recursos que tenham por objeto os créditos incluídos na transação, por meio de requerimento de extinção do respectivo processo com resolução de mérito, nos termos da alínea c do inciso III do caput do art. 487 da Lei nº 13.105, de 16 de março de 2015 (Código de Processo Civil).

§ 1º. A proposta de transação deferida importa em aceitação plena e irretratável de todas as condições estabelecidas nesta Lei e em sua regulamentação, de modo a constituir confissão irrevogável e irretratável dos créditos abrangidos pela transação, nos termos dos arts. 389 a 395 da Lei nº 13.105, de 16 de março de 2015 (Código de Processo Civil)♦.

♦ Os arts. 389 a 395 da Lei nº 13.105, de 16 de março de 2015 (Código de Processo Civil), tratam da confissão.

§ 2º. Quando a transação envolver moratória ou parcelamento, aplica-se, para todos os fins, o disposto nos incisos I e VI do caput do art. 151 da Lei nº 5.172, de 25 de outubro de 1966.

§ 3º. Os créditos abrangidos pela transação somente serão extintos quando integralmente cumpridas as condições previstas no respectivo termo.

**Art. 4º.** Implica a rescisão da transação:

I – o descumprimento das condições, das cláusulas ou dos compromissos assumidos;

II – a constatação, pelo credor, de ato tendente ao esvaziamento patrimonial do devedor como forma de fraudar o cumprimento da transação, ainda que realizado anteriormente à sua celebração;

III – a decretação de falência ou de extinção, pela liquidação, da pessoa jurídica transigente;

IV – a comprovação de prevaricação, de concussão ou de corrupção passiva na sua formação;

V – a ocorrência de dolo, de fraude, de simulação ou de erro essencial quanto à pessoa ou quanto ao objeto do conflito;

VI – a ocorrência de alguma das hipóteses rescisórias adicionalmente previstas no respectivo termo de transação; ou

VII – a inobservância de quaisquer disposições desta Lei ou do edital.

§ 1º. O devedor será notificado sobre a incidência de alguma das hipóteses de rescisão da transação e poderá impugnar o ato, na forma da Lei nº 9.784, de 29 de janeiro de 1999♦, no prazo de 30 (trinta) dias.

♦ Lei nº 9.784/1999, que regula o processo administrativo no âmbito da Administração Pública Federal.

§ 2º. Quando sanável, é admitida a regularização do vício que ensejaria a rescisão durante o prazo concedido para a impugnação, preservada a transação em todos os seus termos.

§ 3º. A rescisão da transação implicará o afastamento dos benefícios concedidos e a cobrança integral das dívidas, deduzidos os valores já pagos, sem prejuízo de outras consequências previstas no edital.

§ 4º. Aos contribuintes com transação rescindida é vedada, pelo prazo de 2 (dois) anos, contado da data de rescisão, a formalização de nova transação, ainda que relativa a débitos distintos.

**Art. 5º.** É vedada a transação que:

I – reduza multas de natureza penal;

ANEXOS

II – conceda descontos a créditos relativos ao:

a) Regime Especial Unificado de Arrecadação de Tributos e Contribuições devidos pelas Microempresas e Empresas de Pequeno Porte (Simples Nacional), enquanto não editada lei complementar autorizativa;

b) Fundo de Garantia do Tempo de Serviço (FGTS), enquanto não autorizado pelo seu Conselho Curador;

III – envolva devedor contumaz, conforme definido em lei específica.

§ 1º. É vedada a acumulação das reduções oferecidas pelo edital com quaisquer outras asseguradas na legislação em relação aos créditos abrangidos pela proposta de transação.

§ 2º. Nas propostas de transação que envolvam redução do valor do crédito, os encargos legais acrescidos aos débitos inscritos em dívida ativa da União de que trata o art. 1º do Decreto-Lei nº 1.025, de 21 de outubro de 1969•, serão obrigatoriamente reduzidos em percentual não inferior ao aplicado às multas e aos juros de mora relativos aos créditos a serem transacionados.

♦ Decreto-Lei nº 1.025/1969, que declara extinta a participação de servidores públicos na cobrança da Dívida Ativa da União e, em seu art. 1º, passa a taxa de 20% paga pelo executado a ser recolhida aos cofres públicos, como renda da União.

§ 3º. A rejeição da autorização referida na alínea *b* do inciso II do *caput* deste artigo exigirá manifestação expressa e fundamentada do Conselho Curador do FGTS, sem a qual será reputada a anuência tácita após decorrido prazo superior a 20 (vinte) dias úteis da comunicação, pela Procuradoria-Geral da Fazenda Nacional, da abertura do edital para adesão ou da proposta de transação individual.

**Art. 6º.** Para fins do disposto nesta Lei, considera-se microempresa ou empresa de pequeno porte a pessoa jurídica cuja receita bruta esteja nos limites fixados nos incisos I e II do *caput* do art. 3º da Lei Complementar nº 123, de 14 de dezembro de 2006, não aplicados os demais critérios para opção pelo regime especial por ela estabelecido.

**Art. 7º.** A proposta de transação e a sua eventual adesão por parte do sujeito passivo ou devedor não autorizam a restituição ou a compensação de importâncias pagas, compensadas ou incluídas em parcelamentos pelos quais tenham optado antes da celebração do respectivo termo.

**Art. 8º.** Na hipótese de a proposta de transação envolver valores superiores aos fixados em ato do Ministro de Estado da Economia ou do Advogado-Geral da União, a transação, sob pena de nulidade, dependerá de prévia e expressa autorização ministerial, admitida a delegação.

**Art. 9º.** Os atos que dispuserem sobre a transação poderão, quando for o caso, condicionar sua concessão à observância das normas orçamentárias e financeiras.

## Capítulo II
### DA TRANSAÇÃO NA COBRANÇA DE CRÉDITOS DA UNIÃO E DE SUAS AUTARQUIAS E FUNDAÇÕES PÚBLICAS

**Art. 10.** A transação na cobrança da dívida ativa da União, das autarquias e das fundações públicas federais poderá ser proposta, respectivamente, pela Procuradoria-Geral da Fazenda Nacional e pela Procuradoria-

## ANEXO I – NORMAS COMPLEMENTARES

-Geral Federal, de forma individual ou por adesão, ou por iniciativa do devedor, ou pela Procuradoria-Geral da União, em relação aos créditos sob sua responsabilidade.

**Art. 11.** A transação poderá contemplar os seguintes benefícios:

I – a concessão de descontos nas multas, nos juros de mora e nos encargos legais relativos a créditos a serem transacionados que sejam classificados como irrecuperáveis ou de difícil recuperação, conforme critérios estabelecidos pela autoridade fazendária, nos termos do inciso V do *caput* do art. 14 desta Lei;

II – o oferecimento de prazos e formas de pagamento especiais, incluídos o diferimento e a moratória; e

III – o oferecimento, a substituição ou a alienação de garantias e de constrições.

§ 1º. É permitida a utilização de mais de uma das alternativas previstas nos incisos I, II e III do *caput* deste artigo para o equacionamento dos créditos inscritos em dívida ativa da União.

§ 2º. É vedada a transação que:

I – reduza o montante principal do crédito, assim compreendido seu valor originário, excluídos os acréscimos de que trata o inciso I do *caput* deste artigo;

II – implique redução superior a 50% (cinquenta por cento) do valor total dos créditos a serem transacionados;

III – conceda prazo de quitação dos créditos superior a 84 (oitenta e quatro) meses;

IV – envolva créditos não inscritos em dívida ativa da União, exceto aqueles sob responsabilidade da Procuradoria-Geral da União.

§ 3º. Na hipótese de transação que envolva pessoa natural, microempresa ou empresa de pequeno porte, a redução máxima de que trata o inciso II do § 2º deste artigo será de até 70% (setenta por cento), ampliando-se o prazo máximo de quitação para até 145 (cento e quarenta e cinco) meses, respeitado o disposto no § 11 do art. 195 da Constituição Federal.

§ 4º. O disposto no § 3º deste artigo aplica-se também às:

I – Santas Casas de Misericórdia, sociedades cooperativas e demais organizações da sociedade civil de que trata a Lei nº 13.019, de 31 de julho de 2014♦; e

♦ Lei nº 13.019/2014, que estabelece o regime jurídico das parcerias entre a administração pública e as organizações da sociedade civil, em regime de mútua cooperação, para a consecução de finalidades de interesse público e recíproco, mediante a execução de atividades ou de projetos previamente estabelecidos em planos de trabalho inseridos em termos de colaboração, em termos de fomento ou em acordos de cooperação; define diretrizes para a política de fomento, de colaboração e de cooperação com organizações da sociedade civil.

II – instituições de ensino.

§ 5º. Incluem-se como créditos irrecuperáveis ou de difícil recuperação, para os fins do disposto no inciso I do *caput* deste artigo, aqueles devidos por empresas em processo de recuperação judicial, liquidação judicial, liquidação extrajudicial ou falência.

§ 6º. Na transação, poderão ser aceitas quaisquer modalidades de garantia previstas em lei, inclusive garantias reais ou fidejussórias, cessão fiduciária de direitos creditórios, alienação fiduciária de bens móveis, imóveis ou de direitos, bem como créditos líquidos e certos do contribuinte em desfavor da União, reconhecidos em decisão transitada em julgado.

**Art. 12.** A proposta de transação não suspende a exigibilidade dos créditos por ela abrangidos nem

ANEXOS

o andamento das respectivas execuções fiscais.

§ 1º. O disposto no *caput* deste artigo não afasta a possibilidade de suspensão do processo por convenção das partes, conforme o disposto no inciso II do *caput* do art. 313 da Lei nº 13.105, de 16 de março de 2015 (Código de Processo Civil).

§ 2º. O termo de transação preverá, quando cabível, a anuência das partes para fins da suspensão convencional do processo de que trata o inciso II do caput do art. 313 da Lei nº 13.105, de 16 de março de 2015 (Código de Processo Civil), até a extinção dos créditos nos termos do § 3º do art. 3º desta Lei ou eventual rescisão.

§ 3º. A proposta de transação aceita não implica novação dos créditos por ela abrangidos.

**Art. 13.** Compete ao Procurador-Geral da Fazenda Nacional, diretamente ou por autoridade por ele delegada, assinar o termo de transação realizado de forma individual.

§ 1º. A delegação de que trata o *caput* deste artigo poderá ser subdelegada, prever valores de alçada e exigir a aprovação de múltiplas autoridades.

§ 2º. A transação por adesão será realizada exclusivamente por meio eletrônico.

**Art. 14.** Ato do Procurador-Geral da Fazenda Nacional disciplinará:

I – os procedimentos necessários à aplicação do disposto neste Capítulo, inclusive quanto à rescisão da transação, em conformidade com a Lei nº 9.784, de 29 de janeiro de 1999♦;

♦ Lei nº 9.784/1999, que regula o processo administrativo no âmbito da Administração Pública Federal.

II – a possibilidade de condicionar a transação ao pagamento de entrada, à apresentação de garantia e à manutenção das garantias já existentes;

III – as situações em que a transação somente poderá ser celebrada por adesão, autorizado o não conhecimento de eventuais propostas de transação individual;

IV – o formato e os requisitos da proposta de transação e os documentos que deverão ser apresentados;

V – os critérios para aferição do grau de recuperabilidade das dívidas, os parâmetros para aceitação da transação individual e a concessão de descontos, entre eles o insucesso dos meios ordinários e convencionais de cobrança e a vinculação dos benefícios a critérios preferencialmente objetivos que incluam ainda a idade da dívida inscrita, a capacidade contributiva do devedor e os custos da cobrança judicial.

**Art. 15.** Ato do Advogado-Geral da União disciplinará a transação no caso dos créditos previstos no inciso III do § 4º do art. 1º desta Lei.

## Capítulo III
### DA TRANSAÇÃO POR ADESÃO NO CONTENCIOSO TRIBUTÁRIO DE RELEVANTE E DISSEMINADA CONTROVÉRSIA JURÍDICA

**Art. 16.** O Ministro de Estado da Economia poderá propor aos sujeitos passivos transação resolutiva de litígios aduaneiros ou tributários decorrentes de relevante e disseminada controvérsia jurídica, com base em manifestação da Procuradoria-Geral da Fazenda Nacional e da Secretaria Especial da Receita Federal do Brasil do Ministério da Economia.

## ANEXO I – NORMAS COMPLEMENTARES

§ 1º. A proposta de transação e a eventual adesão por parte do sujeito passivo não poderão ser invocadas como fundamento jurídico ou prognose de sucesso da tese sustentada por qualquer das partes e serão compreendidas exclusivamente como medida vantajosa diante das concessões recíprocas.

§ 2º. A proposta de transação deverá, preferencialmente, versar sobre controvérsia restrita a segmento econômico ou produtivo, a grupo ou universo de contribuintes ou a responsáveis delimitados, vedada, em qualquer hipótese, a alteração de regime jurídico tributário.

§ 3º. Considera-se controvérsia jurídica relevante e disseminada a que trate de questões tributárias que ultrapassem os interesses subjetivos da causa.

**Art. 17.** A proposta de transação por adesão será divulgada na imprensa oficial e nos sítios dos respectivos órgãos na internet, mediante edital que especifique, de maneira objetiva, as hipóteses fáticas e jurídicas nas quais a Fazenda Nacional propõe a transação no contencioso tributário, aberta à adesão de todos os sujeitos passivos que se enquadrem nessas hipóteses e que satisfaçam às condições previstas nesta Lei e no edital.

§ 1º. O edital a que se refere o *caput* deste artigo:

I – definirá:

a) as exigências a serem cumpridas, as reduções ou concessões oferecidas, os prazos e as formas de pagamento admitidas;

b) o prazo para adesão à transação;

II – poderá limitar os créditos contemplados pela transação, considerados:

a) a etapa em que se encontre o respectivo processo tributário, administrativo ou judicial; ou

b) os períodos de competência a que se refiram;

III – estabelecerá a necessidade de conformação do contribuinte ou do responsável ao entendimento da administração tributária acerca de fatos geradores futuros ou não consumados.

§ 2º. As reduções e concessões de que trata a alínea *a* do inciso I do § 1º deste artigo são limitadas ao desconto de 50% (cinquenta por cento) do crédito, com prazo máximo de quitação de 84 (oitenta e quatro) meses.

§ 3º. A celebração da transação, nos termos definidos no edital de que trata o *caput* deste artigo, compete:

I – à Secretaria Especial da Receita Federal do Brasil do Ministério da Economia, no âmbito do contencioso administrativo; e

II – à Procuradoria-Geral da Fazenda Nacional, nas demais hipóteses legais.

**Art. 18.** A transação somente será celebrada se constatada a existência, na data de publicação do edital, de inscrição em dívida ativa, de ação judicial, de embargos à execução fiscal ou de reclamação ou recurso administrativo pendente de julgamento definitivo, relativamente à tese objeto da transação.

Parágrafo único. A transação será rescindida quando contrariar decisão judicial definitiva prolatada antes da celebração da transação.

**Art. 19.** Atendidas as condições estabelecidas no edital, o sujeito passivo da obrigação tributária poderá solicitar sua adesão à transação, observado o procedimento estabelecido em ato do Ministro de Estado da Economia.

§ 1º. O sujeito passivo que aderir à transação deverá:

ANEXOS

I – requerer a homologação judicial do acordo, para fins do disposto nos incisos II e III do *caput* do art. 515 da Lei nº 13.105, de 16 de março de 2015 (Código de Processo Civil);

II – sujeitar-se, em relação aos fatos geradores futuros ou não consumados, ao entendimento dado pela administração tributária à questão em litígio, ressalvada a cessação de eficácia prospectiva da transação decorrente do advento de precedente persuasivo nos termos dos incisos I, II, III e IV do *caput* do art. 927 da Lei nº 13.105, de 16 de março de 2015 (Código de Processo Civil), ou nas demais hipóteses previstas no art. 19 da Lei nº 10.522, de 19 de julho de 2002.

§ 2º. Será indeferida a adesão que não importar extinção do litígio administrativo ou judicial, ressalvadas as hipóteses em que ficar demonstrada a inequívoca cindibilidade do objeto, nos termos do ato a que se refere o *caput* deste artigo.

§ 3º. A solicitação de adesão deverá abranger todos os litígios relacionados à tese objeto da transação existentes na data do pedido, ainda que não definitivamente julgados.

§ 4º. A apresentação da solicitação de adesão suspende a tramitação dos processos administrativos referentes aos créditos tributários envolvidos enquanto perdurar sua apreciação.

§ 5º. A apresentação da solicitação de adesão não suspende a exigibilidade dos créditos tributários definitivamente constituídos aos quais se refira.

**Art. 20.** São vedadas:

I – a celebração de nova transação relativa ao mesmo crédito tributário;

II – a oferta de transação por adesão nas hipóteses:

a) previstas no art. 19 da Lei nº 10.522, de 19 de julho de 2002, quando o ato ou a jurisprudência for em sentido integralmente desfavorável à Fazenda Nacional; e

b) de precedentes persuasivos, nos moldes dos incisos I, II, III e IV do *caput* da Lei nº 927 da Lei nº 13.105, de 16 de março de 2015 (Código de Processo Civil), quando integralmente favorável à Fazenda Nacional;

III – a proposta de transação com efeito prospectivo que resulte, direta ou indiretamente, em regime especial, diferenciado ou individual de tributação.

Parágrafo único. O disposto no inciso II do *caput* deste artigo não obsta a oferta de transação relativa a controvérsia no âmbito da liquidação da sentença ou não abrangida na jurisprudência ou ato referidos no art. 19 da Lei nº 10.522, de 19 de julho de 2002.

**Art. 21.** Ato do Ministro de Estado da Economia regulamentará o disposto neste Capítulo.

**Art. 22.** Compete ao Secretário Especial da Receita Federal do Brasil, no que couber, disciplinar o disposto nesta Lei no que se refere à transação de créditos tributários não judicializados no contencioso administrativo tributário.

§ 1º. Compete ao Secretário Especial da Receita Federal do Brasil, diretamente ou por autoridade por ele delegada, assinar o termo de transação.

§ 2º. A delegação de que trata o § 1º deste artigo poderá ser subdelegada, prever valores de alçada e exigir a aprovação de múltiplas autoridades.

§ 3º. A transação por adesão será realizada exclusivamente por meio eletrônico.

ANEXO I – NORMAS COMPLEMENTARES

## Capítulo IV
### DA TRANSAÇÃO POR ADESÃO NO CONTENCIOSO TRIBUTÁRIO DE PEQUENO VALOR

**Art. 23.** Observados os princípios da racionalidade, da economicidade e da eficiência, ato do Ministro de Estado da Economia regulamentará:

I – o contencioso administrativo fiscal de pequeno valor, assim considerado aquele cujo lançamento fiscal ou controvérsia não supere 60 (sessenta) salários-mínimos;

II – a adoção de métodos alternativos de solução de litígio, inclusive transação, envolvendo processos de pequeno valor.

Parágrafo único. No contencioso administrativo de pequeno valor, observados o contraditório, a ampla defesa e a vinculação aos entendimentos do Conselho Administrativo de Recursos Fiscais, o julgamento será realizado em última instância por órgão colegiado da Delegacia da Receita Federal do Brasil de Julgamento da Secretaria Especial da Receita Federal do Brasil, aplicado o disposto no Decreto nº 70.235, de 6 de março de 1972♦, apenas subsidiariamente.

♦ Decreto nº 70.235/1972, que dispõe sobre o processo administrativo fiscal e dá outras providências.

**Art. 24.** A transação relativa a crédito tributário de pequeno valor será realizada na pendência de impugnação, de recurso ou de reclamação administrativa ou no processo de cobrança da dívida ativa da União.

Parágrafo único. Considera-se contencioso tributário de pequeno valor aquele cujo crédito tributário em discussão não supere o limite previsto no inciso I do *caput* do art. 23 desta Lei e que tenha como sujeito passivo pessoa natural, microempresa ou empresa de pequeno porte.

**Art. 25.** A transação de que trata este Capítulo poderá contemplar os seguintes benefícios:

I – concessão de descontos, observado o limite máximo de 50% (cinquenta por cento) do valor total do crédito;

II – oferecimento de prazos e formas de pagamento especiais, incluídos o diferimento e a moratória, obedecido o prazo máximo de quitação de 60 (sessenta) meses; e

III – oferecimento, substituição ou alienação de garantias e de constrições.

§ 1º. É permitida a cumulação dos benefícios previstos nos incisos I, II e III do *caput* deste artigo.

§ 2º. A celebração da transação competirá:

I – à Secretaria Especial da Receita Federal do Brasil, no âmbito do contencioso administrativo de pequeno valor; e

II – à Procuradoria-Geral da Fazenda Nacional, nas demais hipóteses previstas neste Capítulo.

**Art. 26.** A proposta de transação poderá ser condicionada ao compromisso do contribuinte ou do responsável de requerer a homologação judicial do acordo, para fins do disposto nos incisos II e III do *caput* do art. 515 da Lei nº 13.105, de 16 de março de 2015 (Código de Processo Civil).

**Art. 27.** Caberá ao Procurador-Geral da Fazenda Nacional e ao Secretário Especial da Receita Federal do Brasil, em seu âmbito de atuação, disciplinar a aplicação do disposto neste Capítulo.

ANEXOS

## Capítulo V
### DAS ALTERAÇÕES LEGISLATIVAS

**Art. 28.** A Lei nº 10.522, de 19 de julho de 2002, passa a vigorar acrescida do seguinte art. 19-E:

*"Art. 19-E. Em caso de empate no julgamento do processo administrativo de determinação e exigência do crédito tributário, não se aplica o voto de qualidade a que se refere o § 9º do art. 25 do Decreto nº 70.235, de 6 de março de 1972, resolvendo-se favoravelmente ao contribuinte."*

## Capítulo VI
### DISPOSIÇÕES FINAIS

**Art. 29.** Os agentes públicos que participarem do processo de composição do conflito, judicial ou extrajudicialmente, com o objetivo de celebração de transação nos termos desta Lei somente poderão ser responsabilizados, inclusive perante os órgãos públicos de controle interno e externo, quando agirem com dolo ou fraude para obter vantagem indevida para si ou para outrem.

**Art. 30.** Esta Lei entra em vigor:

I – em 120 (cento e vinte) dias contados da data da sua publicação, em relação ao inciso I do *caput* e ao parágrafo único do art. 23; e

II – na data de sua publicação, em relação aos demais dispositivos.

Brasília, 14 de abril de 2020; 199º da Independência e 132º da República.

*Jair Messias Bolsonaro*
*DOU de 14.4.2020 – Edição Extra*

## ATOS COMPLEMENTARES

### ATO COMPLEMENTAR N° 27, DE 8 DE DEZEMBRO DE 1966

(*) Atualizado até as alterações mais recentes, promovidas pelo Ato Complementar n° 35, de 28.2.1967.

*Altera o Código Tributário Nacional.*

O Presidente da República, no uso das atribuições que lhe confere o art. 30 do Ato Institucional n° 2, de 27 de outubro de 1965, tendo em vista o disposto no art. 4° e seu parágrafo único, do mesmo Ato, resolve baixar o seguinte Ato Complementar:

**Art. 1°.** A Lei n° 5.172, de 25 de outubro de 1966, passa a vigorar com as seguintes alterações:

(*) Alterações já efetuadas no corpo da Lei.

**Art. 2°.** O disposto no art. 4° do Decreto-Lei n° 59, de 21 de novembro de 1966, não é excludente da norma tributária especial constante do § 1° do art. 58 da Lei n° 5.172, de 25 de outubro de 1966.

(*) O Decreto-Lei n° 59/1966 foi revogado pela Lei n° 5.764/1971.

(*) O § 1° do art. 58 da Lei n° 5.172/1966 foi revogado pelo Decreto-Lei n° 406/1968.

**Art. 3°.** A expressão "montante devido ao Estado," constante do art. 60 da Lei n° 5.172, de 25 de outubro de 1966, deve ser entendida como o líquido a ser recolhido, depois de efetuados os abatimentos de que tratam as arts. 54 e 55 da mesma lei.

(*) O art. 60 da Lei n° 5.172/1966 foi revogado pelo Ato Complementar n° 31/1966.

(*) Os arts. 54 e 55 da Lei n° 5.172/1966 foram revogados pelo Decreto-Lei n° 406/1968.

**Art. 4°.** O imposto sobre circulação de mercadorias será calculado, inicialmente, com base em uma alíquota uniforme de 12% (doze por cento) para todo o país, inclusive nas operações interestaduais.

(*) Vide Ato Complementar n° 31/1966.

§ 1°. No curso do primeiro semestre de 1967, poderá ser efetuado, em face dos resultados da arrecadação, reajustamento desta alíquota, de conformidade com o disposto nos arts. 1° e 2° do Decreto-Lei n° 28, de 14 de novembro de 1966, cujo art. 3° fica revogado.

§ 2°. (Revogado).

(*) § 2° revogado pelo Ato Complementar n° 35/1967.

ANEXOS

§ 3º. O disposto no parágrafo anterior não se aplica às exportações de café, reguladas pelo art. 5º do Decreto-Lei nº 28, de 14 de novembro de 1966.

**Art. 5º.** A Lei municipal ou, no caso do Estado da Guanabara, a lei estadual, autorizará o Poder Executivo:

I – A fixar, entre os limites de 10% (dez por cento) e 25% (vinte e cinco por cento), a alíquota do imposto sobre circulação de mercadorias, a que se refere o art. 60 da Lei nº 5.172, de 25 de outubro de 1966;

(*) O art. 60 da Lei nº 5.172/1966 foi revogado pelo Ato Complementar nº 31/1966.

II – A reajustar a alíquota do imposto, no curso do primeiro semestre de 1967 e dentro dos limites indicados no inciso anterior, de acordo com os resultados da arrecadação.

**Art. 6º.** As compras de produtos industrializados, oneradas pelo imposto sobre vendas e consignações e constantes de notas fiscais emitidas pelos estabelecimentos industriais, entre 1º e 31 de dezembro do corrente ano, darão direito a um crédito fiscal a ser utilizado para efeito de cálculo do imposto sobre circulação de mercadorias, devido, pelos estabelecimentos compradores, pelas operações realizadas a partir de 1º de fevereiro de 1967.

§ 1º. O disposto neste artigo, aplica-se, com exclusão dos classificados nos Capítulos 22 e 24, aos produtos constantes da Tabela anexa à Lei nº 4.502, de 30 de novembro de 1964, alterado pelo Decreto-Lei nº 34, de 13 de novembro de 1966.

§ 2º. O montante do imposto a ser creditado na forma deste artigo será calculado, pelo estabelecimento comprador, com base em uma alíquota unificada de 12% (doze por cento) sobre o valor das referidas aquisições excluídas a parcela relativa ao imposto de consumo e as despesas de frete e seguro, quando debitadas em separado.

§ 3º. Ressalvados os produtos que já em trânsito em 31 de dezembro, tiverem dado entrada no estabelecimento comprador depois de 1º de janeiro de 1967, o crédito fiscal relativo aos produtos classificados em determinado Capítulo será computado somente até o limite do imposto calculado em idênticas condições sobre o valor dos estoques de produtos do mesmo Capítulo, existentes no estabelecimento comprador, em 31 de dezembro de 1966.

§ 4º. O crédito fiscal, calculado de acordo com os parágrafos anteriores será desdobrado de forma a ser utilizado em 3 (três) parcelas iguais, nos meses de fevereiro, março e abril de 1967.

§ 5º. Ficam sem efeito quaisquer disposições das leis estaduais sobre o imposto de circulação de mercadorias, relativas à concessão de crédito fiscal sobre mercadorias em estoque em 31 de dezembro de 1966, em bases diferentes das estabelecidas neste artigo.

**Art. 7º.** O disposto no artigo anterior aplica-se, igualmente, às aquisições, pelos estabelecimentos industriais, de matérias-primas em geral.

**Art. 8º.** Até que sejam fixadas pelo Senado Federal os limites a que se refere o art. 39 da Lei nº 5.172, de 25 de outubro de 1966, ficam estabelecidas, para a cobrança do imposto a que se refere o art. 35 da mesma lei, as seguintes alíquotas máximas:

## ANEXO I – NORMAS COMPLEMENTARES

I – Transmissões compreendidas no sistema financeiro da habitação a que se refere a Lei nº 4.380, de 21 de agosto de 1964 e legislação complementar ............................. 0,5%

II – Demais transmissões a título oneroso ................................. 1,0%

III – Quaisquer outras transmissões ............................................. 2,0%

**Art. 9º.** Fica revogado o disposto no inciso II do art. 218 da Lei nº 5.172, de 25 de outubro de 1966, com a nova redação dada pelo art. 1º do Decreto-Lei nº 27, de 14 dezembro de 1966, no que tange à exigibilidade da "quota de previdência" nas operações portuárias, fretes e transportes a que se refere o art. 54 da Lei nº 5.025, de 10 de junho de 1966.

**Art. 11.** São aplicáveis aos Municípios os prazos e o sistema estabelecidos para os Estados, no Ato Complementar nº 24, de 18 de novembro de 1966.

**Art. 12.** Este Ato Complementar entrará em vigor na data de sua publicação, ficando revogadas as disposições em contrário.

Brasília, 8 de dezembro de 1966; 145º da Independência e 78º da República.

*H. Castello Branco*
*DOU de 8.12.1966*

## ATO COMPLEMENTAR Nº 31, DE 28 DE DEZEMBRO DE 1966

(*) Atualizado até as alterações mais recentes, promovidas pelo Ato Complementar nº 34, de 30.1.1967.

*Dispõe sobre o imposto de circulação de mercadorias cobrado pelos Estados, extingue o pertecente aos Municípios, e dá outras providências.*

O Presidente da República, no uso das atribuições que lhe confere o art. 30 do Ato Institucional nº 2, e,

Considerando que o Projeto de Constituição já aprovado pelo Congresso Nacional altera o sistema de cobrança da parcela do imposto sobre circulação de mercadoria pertencente aos Municípios;

Considerando que, em consequência, teriam os Estados e Municípios de se aparelharem para cobrança de um tributo que vigoraria por um período de apenas 75 (setenta e cinco) dias;

Considerando que seria de interesse geral evitar tal inconveniente, antecipando para 1º de janeiro a aplicação do disposto no § 7º do art. 23 do referido Projeto de Constituição;

Considerando que, com essa antecipação, se asseguraria uma desejável uniformidade de alíquotas e forma de cobrança das quotas municipais em todo o país;

Considerando que a unificação da cobrança do imposto sobre circulação de mercadorias asseguraria, em toda a sua plenitude, a adoção do princípio da não cumulatividade do tributo;

Considerando a conveniência de adaptar-se o regime tributário instituído pela Emenda Constitucional nº 18 aos preceitos do Projeto de Constituição cuja promulgação está prevista para 24 de janeiro de 1967;

Considerando, finalmente, que esta adaptação deverá estender-se

## ANEXOS

aos Estados e Municípios na órbita da sua competência tributária;

Resolve baixar o seguinte Ato Complementar:

**Art. 1º.** Do produto da arrecadação do imposto a que se refere o art. 12 da Emenda Constitucional nº 18, 80% (oitenta por cento) constituirão receita dos Estados e 20% (vinte por cento) dos Municípios. As parcelas pertencentes aos Municípios serão creditadas em contas especiais, abertas em estabelecimentos oficiais de crédito, na forma e nos prazos estabelecidos neste Ato.

Parágrafo único. Ficam sem efeito as disposições das leis municipais relativas ao imposto sobre circulação de mercadorias.

**Art. 2º.** A quota de 20% (vinte por cento) do imposto sobre circulação de mercadorias a que se refere o artigo anterior será entregue a cada Município na proporção do valor das operações tributáveis, realizadas em seu território.

**Art. 3º.** A entrega a que se refere o artigo anterior será efetuada da seguinte forma:

(*) Art. 3º, *caput*, com redação dada pelo Ato Complementar nº 34/1967.

I – no caso de antecipação ou diferimento do imposto que importe no seu recolhimento em Município diferente do da localização do contribuinte substituído, a entrega será efetuada até o último dia do mês seguinte ao em que se efetuou o recolhimento;

(*) Inciso I acrescido pelo Ato Complementar nº 34/1967.

II – nos dois casos, a entrega será efetuada, pelo próprio agente incumbido da arrecadação, dentro do prazo máximo de 3 (três) dias a partir da data do recolhimento.

(*) Inciso II acrescido pelo Ato Complementar nº 34/1967.

**Art. 4º.** No caso de diferimento ou antecipação de incidência do imposto que importe no seu recolhimento em Município diferente daquele em que ocorreu o fato gerador, a legislação estadual estabelecerá as normas necessárias ao resguardo dos créditos correspondentes aos Municípios de origem ou destino, conforme o caso.

**Art. 5º.** Fica autorizado o estabelecimento de critérios de distribuição das quotas municipais diferentes dos previstos nos arts. 2º, 3º e 4º, desde que tais critérios constem de convênios celebrados entre os Estados e respectivos Municípios.

**Art. 6º.** Os limites fixados no art. 1º do Decreto-Lei nº 28, de 14 de novembro de 1966, e a percentagem prevista no art. 4º do Ato Complementar nº 27 ficam acrescidos de 25% (vinte e cinco por cento), de forma a englobar o disposto nos incisos I e II do art. 5º do referido Ato.

**Art. 7º.** A Lei nº 5.172, de 25 de outubro de 1966, passa a vigorar com as seguintes alterações:

(*) Alterações já efetuadas no corpo da Lei.

**Art. 8º.** Até 30 de junho de 1967 poderão ser utilizados, nas operações interestaduais, os modelos comuns de notas fiscais, juntamente com a guia correspondente para fins estatísticos, em substituição ao modelo especial de que trata o art. 50 da Lei nº 5.172, de 25 de outubro de 1966.

ANEXO I – NORMAS COMPLEMENTARES

**Art. 9º.** Os Poderes Executivos Estaduais e Municipais, no limite das respectivas competências tributárias, baixarão os atos necessários à execução do disposto neste Ato Complementar.

**Art. 10.** O presente Ato Complementar entrará em vigor na data de sua publicação, ficando revogados os arts. 59 a 62 da Lei nº 5.172, de 25 de outubro de 1966, e demais disposições em contrário.

Brasília, 28 de dezembro de 1966; 145º da Independência e 78º da República.

*H. Castello Branco*
*DOU de 29.12.1966*

## ATO COMPLEMENTAR Nº 34, DE 30 DE JANEIRO DE 1967

(*) Atualizado até as alterações mais recentes, promovidas pelo Ato Complementar nº 36, de 13.3.1967.

*Estabelece para os Estados e Municípios uma política comum em matéria do imposto de circulação de mercadorias.*

O Presidente da República, no uso das atribuições que lhe confere o art. 30 do Ato Institucional nº 2, de 27 de outubro de 1965, e

Considerando que a concessão de isenções, reduções e outros favores fiscais no que se refere ao imposto sobre circulação de mercadorias constitui matéria de relevante interesse para a economia nacional e para as relações interestaduais;

Considerando que o art. 213 da Lei nº 5.172, de 25 de outubro de 1966, já previu o regime de convênio entre Estados para o estabelecimento de alíquotas uniformes do imposto de circulação;

Considerando que os Convênios já celebrados pelos Governos do Nordeste e da Região Centro-Sul dispõem sobre política comum em matéria de isenções;

Considerando, entretanto, que por motivos relevantes de interesse nacional faz-se necessário dar plena efetividade à solução convencional do problema da harmonização das políticas estaduais de isenções e reduções de imposto sobre circulação de mercadorias;

Considerando ainda as demais conclusões da reunião de Secretários de Fazenda dos Estados e Municípios das Capitais, realizada no Ministério da Fazenda entre 23 e 25 de janeiro de 1967, resolve baixar o seguinte Ato Complementar:

**Art. 1º.** Os Estados e Territórios situados em uma mesma região geoeconômica, dentro de 30 (trinta) dias da data da publicação deste Ato, celebrarão convênios estabelecendo uma política comum em matéria de isenções, reduções ou outros favores fiscais, relativamente ao imposto sobre circulação de mercadorias.

§ 1º. A revogação ou alteração do disposto nos Convênios a que se refere este artigo somente poderá ser feita por outro Convênio ou por Protocolo aditivo ao Convênio original.

§ 2º. Os Convênios e Protocolos independem de ratificação pelas Assembleias Legislativas dos Estados participantes.

**Art. 2º.** A partir de 1º de março de 1967, são revogadas, para todos os efeitos legais, quaisquer disposições de leis, decretos e outros atos que tenham outorgado ou venham a outorgar isenções, reduções e outros favores fiscais, relativamente aos impostos sobre vendas e consignações e sobre circulação de mercadorias, não previstos nos Convênios e Protocolos a que se refere o artigo anterior ou nos já celebrados em conformidade, com o que nele se dispõe.

**Art. 3º.** A Lei nº 5.172, de 25 de outubro de 1966, com as alterações introduzidas pelos Atos Complementares nºs 27 e 31 e pelo Decreto-Lei nº 28, de 14 de novembro de 1966, passa a vigorar com as seguintes alterações:

(*) Alterações já efetuadas no corpo da Lei.

**Art. 4º.** O disposto na alteração 1ª do art. 3º, quanto às mercadorias estrangeiras, não se aplica às importações já contratadas até a data da publicação deste Ato.

**Art. 5º.** O disposto nas Alterações 2ª, 7ª e 9ª, quanto às obras hidráulicas ou de construção civil, aplica-se:

I – às obras contratadas a partir da vigência deste Ato;

II – às obras contratadas anteriormente à vigência deste Ato, desde que o prestador do serviço acorde com a entidade contratante a revisão do preço contratado, para efeito de reduzi-lo do montante do imposto sobre serviços a que estaria sujeito.

**Art. 6º.** O disposto no art. 5º do Decreto-Lei nº 28, de 14 de novembro de 1966, não se aplica ao café torrado, destinado ao consumo interno, assim como as suas preparações.

**Art. 7º.** (Revogado).

(*) Art. 7º revogado pelo Ato Complementar nº 36/1967.

**Art. 8º.** O art. 3º do Ato Complementar nº 31 passa a vigorar com a seguinte redação:

(*) Alterações já efetuadas no corpo do Ato.

**Art. 9º.** Ficam estabelecidas as seguintes alíquotas máximas para a cobrança do imposto municipal sobre serviços:

I – execução de obras hidráulicas ou de construção civil, até 2% (dois por cento);

II – jogos e diversões públicas, até 10% (dez por cento);

III – demais serviços, até 5% (cinco por cento).

Parágrafo único. O Governador do Estado da Guanabara, o Prefeito do Distrito Federal e os Prefeitos dos demais Municípios baixarão os atos necessários ao cumprimento do disposto neste artigo, reduzindo, na tabela do imposto sobre serviços, as alíquotas que excederem os limites estabelecidos.

**Art. 10.** O imposto sobre circulação de mercadorias não incide:

I – sobre a saída de mercadorias destinadas ao mercado interno e produzidas em estabelecimentos industriais como resultado de concorrência internacional com participação da indústria do país, contra pagamento em divisas conversíveis provenientes de financiamento a longo prazo de instituições financeiras internacionais, ou entidades governamentais estrangeiras;

II – (revogado).

(*) Inciso II revogado pelo Ato Complementar nº 36/1967.

Parágrafo único. No caso de isenção prevista no inciso I deste artigo, serão mantidos os créditos fiscais da empresa industrial, correspondentes aos insumos necessários à produção das mercadorias mencionadas no referido inciso.

ANEXO I – NORMAS COMPLEMENTARES

**Art. 11.** (Revogado).

(*) Art. 11 revogado pelo Ato Complementar nº 36/1967.

**Art. 12.** Este Ato entra em vigor na data de sua publicação ficando revogadas as disposições em contrário.

Brasília, 30 de janeiro de 1967; 146º da Independência a 79º da República.

*H. Castello Branco*
*DOU de 31.1.1967*

## ATO COMPLEMENTAR Nº 35, DE 28 DE FEVEREIRO DE 1967

(*) Atualizado até as alterações mais recentes, promovidas pelo Ato Complementar nº 36, de 13.3.1967.

*Altera a Lei nº 5.172, de 25 de outubro de 1966, e legislação posterior sobre o Sistema Tributário Nacional.*

O Presidente da República, usando da atribuição que lhe confere o art. 30 do Ato Institucional nº 2, de 27 de outubro de 1965, resolve baixar o seguinte Ato Complementar:

**Art. 1º.** O art. 91 da Lei nº 5.172, de 25 de outubro de 1966, passa a vigorar com a seguinte redação:

(*) Alterações já efetuadas no corpo da Lei.

**Art. 2º.** O disposto no art. 1º aplica-se aos totais creditados no Fundo de Participação dos Municípios a partir do mês de fevereiro, inclusive.

Parágrafo único. Até 10 de março, o Tribunal de Contas comunicará ao Banco do Brasil S.A. os novos coeficientes a vigorarem na distribuição das quotas devidas aos Municípios, na forma deste Ato.

**Art. 3º.** A Lei nº 5.172, de 25 de outubro de 1966, alterada pelo Decreto-Lei nº 28, de 14 de novembro de 1966, e pelos Atos Complementares nºs 27, 31 e 34, passa a vigorar com as seguintes alterações:

(*) Alterações já efetuadas no corpo da Lei.

**Art. 4º.** O Ato Complementar nº 34 passa a vigorar com as seguintes alterações:

(*) Alterações já efetuadas no corpo do Ato.

**Art. 5º.** (Revogado).

(*) Art. 5º revogado pelo Ato Complementar nº 36/1967.

**Art. 6º.** Os Estados, o Distrito Federal e os Territórios Federais na eventualidade de queda da arrecadação (*não compensável pelas quotas do Fundo de Participação dos Estados*), ficam autorizados a reajustar, durante o exercício de 1967, a alíquota do imposto sobre circulação de mercadorias até o limite máximo de 18% (dezoito por cento), mediante convênio celebrado entre as unidades federativas pertencentes a uma ou mais regiões geoeconômicas.

(*) A expressão "não compensável pelas quotas do Fundo de Participação dos Estados" foi suprimida pelo Ato Complementar nº 36/1967.

§ 1º. O limite fixado neste artigo engloba a quota de 20% (vinte por cento) devida aos Municípios na forma do § 7º do art. 24 da Constituição de 24 de janeiro de 1967♦.

♦ CF/1967. Vide art. 155 da CF/1988.

§ 2º. Os reajustamentos de alíquotas efetuados de conformidade com o disposto neste artigo entrarão em vigor na quinzena seguinte à data de publicação do convênio no *Diário Oficial* de cada unidade participante.

§ 3º. A queda de arrecadação a que se refere este artigo será apurada confrontando-se o comportamento médio das arrecadações do imposto

ANEXOS

sobre circulação de mercadorias, no conjunto da região, com a do imposto sobre vendas e consignações, em iguais períodos de 1966, reajustados os respectivos valores pelos índices de correção monetária.

(*) § 3º com redação dada em substituição aos §§ 3º e 4º pelo Ato Complementar nº 36/1967.

**Art. 7º.** Nos termos do § 5º do art. 24 da Constituição de 24 de janeiro de 1967♦, o imposto sobre circulação de mercadorias não incide sobre os produtos industrializados, quando destinados ao exterior.

♦ CF/1967. Vide art. 155 da CF/1988.

§ 1º. O disposto neste artigo aplica-se às mercadorias sujeitas ao imposto sobre produtos industrializados, segundo as especificações constantes da tabela anexa à Lei nº 4.502, de 30 de novembro de 1964, alterada pelo Decreto-Lei nº 34, de 18 de novembro de 1966.

§ 2º. Para os efeitos de aplicação do disposto neste artigo, além da mercadoria objeto de operação de exportação, considera-se destinada ao exterior a remetida:

I – às empresas comerciais que operam exclusivamente no ramo da exportação;

II – aos armazéns gerais alfandegados, entrepostos aduaneiros zonas francas;

III – aos entrepostos industriais de que trata o Decreto-Lei nº 37, de 18 de novembro de 1966.

§ 3º. No caso dos incisos I, II e III, do parágrafo anterior, fica assegurado ao sujeito ativo da obrigação tributária o direito de cobrança do imposto devido por motivo da remessa, em relação à mercadoria que for reintroduzida no mercado interno do país.

§ 4º. Não se exigirá o estorno do crédito fiscal correspondente às matérias-primas e outros bens utilizados na fabricação e embalagem dos produtos de que trata este artigo.

§ 5º. O disposto no parágrafo anterior não se aplica às matérias-primas de origem animal ou vegetal que representem, individualmente, mais de 50% (cinquenta por cento) do valor do produto resultante de sua industrialização.

**Art. 8º.** Poderão ser cobradas no exercício de 1967 os tributos municipais cujas leis tenham sido publicadas até 14 de março do corrente ano, desde que guardem conformidade com o disposto na Lei nº 5.172, de 25 de outubro de 1966 e no Decreto-Lei nº 28, de 14 de novembro de 1966, assim como neste Ato Complementar e nos de nºs 27, 31 e 34.

**Art. 9º.** As dúvidas surgidas em decorrência da classificação ou reclassificação de produtos pelo Ministério da Agricultura na forma do § 3º do art. 2º da Lei nº 4.784, de 28 de setembro de 1965, para efeito de determinar a competência na cobrança do Imposto sobre Vendas e Consignações e nos casos de transferência de mercadorias de um Estado para outro, não darão lugar a processos fiscais desde que o contribuinte haja pago o imposto com base na referida classificação ou reclassificação. Também não haverá processo fiscal se, inexistindo classificação ou reclassificação, o contribuinte houver recolhido uma vez o imposto a um dos Estados da Federação.

Parágrafo único. Os processos já instaurados na esfera administrativa ou judiciária serão arquivados a requerimento do contribuinte, qual-

## ANEXO I – NORMAS COMPLEMENTARES

quer que seja a instância ou a fase de tramitação.

**Art. 10.** O presente Ato Complementar entra em vigor na data de sua publicação, ficando revogados o § 2º do art. 4º do Ato Complementar nº 27, os arts. 7º e 11 do Ato Complementar nº 34, o parágrafo único do art. 95 da Lei nº 5.172, de 25 de outubro de 1966, e as demais disposições em contrário.

Brasília, 28 de fevereiro de 1967; 146º da Independência e 79º da República.

*H. Castello Branco*
*DOU de 28.2.1967*

### ATO COMPLEMENTAR Nº 36, DE 13 DE MARÇO DE 1967

*Dispõe sobre o Imposto sobre Circulação de Mercadorias, altera os Atos Complementares nºs 34, de 1967 e 35, de 1967, e denomina "Código Tributário Nacional" a Lei nº 5.172, de 1966 e suas alterações.*

O Presidente da República, no uso das atribuições que lhe confere o art. 30 do Ato Institucional nº 2, de 27 de outubro de 1965, resolve baixar o seguinte Ato Complementar:

**Art. 1º.** Nas saídas de bens de capital de origem estrangeira, promovidas pelo estabelecimento que houver realizado a importação, a base de cálculo do imposto sobre circulação de mercadorias será a diferença entre o valor da operação de que decorrer a saída e o custo de aquisição dos referidos bens, nele compreendidos os tributos pagos por ocasião de seu desembaraço aduaneiro.

§ 1º. Em substituição à diferença apurada na forma deste artigo, poderão os importadores optar por uma base de cálculo fixa, equivalente a 20% (vinte por cento) do valor da operação.

§ 2º. Para os efeitos deste artigo, consideram-se bens de capital, as máquinas e aparelhos, bem como suas peças, acessórios e sobressalentes, classificados nos capítulos 84 (oitenta e quatro) a 90 (noventa) da Tabela anexa ao Regulamento do Imposto sobre Produtos Industrializados, quando, pela sua natureza, se destinem a emprego direto na produção agrícola ou industrial e na prestação de serviços.

**Art. 2º.** As empresas produtoras de discos fonográficos e outros materiais de gravação de som poderão abater do montante do imposto sobre circulação de mercadorias o valor dos direitos autorais, artísticos e conexos, comprovadamente pagos pela empresa, no mesmo período, aos autores e artistas, nacionais ou domiciliados no Brasil, assim como aos seus herdeiros e sucessores, ou às entidades que os representem.

**Art. 3º.** As saídas dos produtos a que se refere o art. 5º do Decreto-Lei nº 104, de 13 de janeiro de 1967, promovidas, entre 1º de fevereiro e 31 de maio do corrente ano, por estabelecimento de firma que os houver industrializado, darão aos respectivos adquirentes o direito a um crédito fiscal em importância equivalente à que resultaria da aplicação da alíquota integral do imposto sobre circulação de mercadorias, ainda que o referido imposto tenha sido pago com redução concedida pelo mesmo ou por outro Estado.

**Art. 4º.** Na revenda do trigo importado pelo Banco do Brasil S.A. como executor do monopólio de importação instituído pelo Decreto-Lei nº 210, de 27 de fevereiro de 1967, considera-se local da operação, para efeito de ocorrência do fato gerador do imposto sobre circulação de mercadorias, o local da sede social do Banco, nos termos do § 1º do art. 52 da Lei nº 5.172, de 25 de outubro de 1966.

(*) O Decreto-Lei nº 210/1967 foi revogado pela Lei nº 8.096/1990.

(*) O § 1º do art. 52 da Lei nº 5.172/1966 foi revogado pelo Decreto-Lei nº 406/1968.

**Art. 5º.** O Ato Complementar nº 35 passa a vigorar com as seguintes alterações:

(*) Alterações já efetuadas no corpo do Ato.

**Art. 6º.** No caso de empresas que realizem prestação do serviço em mais de um Município, considera-se local da operação para efeito de ocorrência do fato gerador do imposto municipal correspondente:

I – O local onde se efetuar a prestação do serviço.

a) no caso de construção civil;

b) quando o serviço for prestado, em caráter permanente por estabelecimentos, sócios ou empregados da empresa, sediados ou residentes no Município;

II – O local da sede da empresa, nos demais casos.

**Art. 7º.** A Lei nº 5.172, de 25 de outubro de 1966, e alterações posteriores passa a denominar-se "Código Tributário Nacional".

**Art. 8º.** Este Ato entra em vigor na data de sua publicação, ficando revogados o inciso II do art. 52; e os §§ 6º e 7º do art. 58 da Lei nº 5.172, de 25 de outubro de 1966, alterada pelo Ato Complementar nº 35; os incisos II e III do art. 10 do Ato Complementar nº 34, alterado pelo Ato Complementar nº 35 e o art. 5º do Ato Complementar nº 35 e demais disposições em contrário.

Brasília, 13 de março de 1967; 146º da Independência e 79º da República.

*H. Castello Branco*
*DOU de 14.3.1967*

# ANEXO II
# RESOLUÇÕES DO SENADO FEDERAL

## RESOLUÇÃO Nº 337, DE 27 DE SETEMBRO DE 1983

*Suspende a execução do art. 4º do Decreto-Lei nº 57, de 18 de novembro de 1966, e do § 3º do art. 85 da Lei nº 5.172, de 25 de outubro de 1966 -- Código Tributário Nacional.*

Faço saber que o Senado Federal aprovou, nos termos do art. 42, inciso VII, da Constituição, e eu, Nilo Coelho, Presidente, promulgo a seguinte Resolução:

**Artigo único.** É suspensa, por inconstitucionalidade, nos termos da decisão definitiva do Supremo Tribunal Federal, proferida em Sessão Plenária de 1º de dezembro de 1982, nos autos do Recurso Extraordinário nº 97.525-0, do Distrito Federal, a execução do art. 4º do Decreto-Lei nº 57, de 18 de novembro de 1966, e do § 3º do art. 85 da Lei nº 5.172, de 25 de outubro de 1966 – Código Tributário Nacional.

Senado Federal, em 27 de setembro 1983.

*Senador Nilo Coelho, Presidente*
*DOU de 29.9.1983*

## RESOLUÇÃO Nº 22, DE 19 DE MAIO DE 1989

*Estabelece alíquotas do Imposto sobre Operações Relativas à Circulação de Mercadorias e sobre Prestação de Serviços de Transporte Interestadual e Intermunicipal e de Comunicação, nas operações e prestações interestaduais.*

Faço saber que o Senado Federal aprovou, nos termos do art. 155, § 2º, inciso IV, da Constituição, eu, Iram Saraiva, 1º Vice-Presidente, no exercício da Presidência, promulgo a seguinte Resolução:

**Art. 1º.** A alíquota do Imposto sobre Operações Relativas à Circulação de Mercadorias e sobre Prestação de Serviços de Transporte Interestadual e Intermunicipal e de Comunicação, nas operações e prestações interestaduais, será de 12% (doze por cento).

Parágrafo único. Nas operações e prestações realizadas nas Regiões Sul e Sudeste, destinadas às Regiões Norte, Nordeste e Centro-Oeste e ao Estado do Espírito Santo, as alíquotas serão:

I – em 1989, 8% (oito por cento);
II – a partir de 1990, 7% (sete por cento).

**Art. 2º.** A alíquota do imposto de que trata o art. 1º, nas operações de exportação para o exterior, será de 13% (treze por cento).

**Art. 3º.** Esta Resolução entra em vigor em 1º de junho de 1989.

Senado Federal, 19 de maio de 1989.

*Senador Iram Saraiva, 1º Vice-Presidente, no exercício da Presidência.*

*DOU de 22.5.1989*

# ANEXO III
# SÚMULAS
# DO SUPREMO TRIBUNAL FEDERAL*

**Súmula 69.** [art. 6º, parágrafo único, do CTN] – A Constituição estadual não pode estabelecer limite para o aumento de tributos municipais.

**Súmula 73.** [art. 12 do CTN] – A imunidade das autarquias, implicitamente contida no art. 31, V, "a", da Constituição Federal, abrange tributos estaduais e municipais.

**Súmula 74.** [arts. 12 e 34 do CTN] – O imóvel transcrito em nome de autarquia, embora objeto de promessa de venda a particulares, continua imune de impostos locais.

**Súmula 76.** [art. 12 do CTN] – As sociedades de economia mista não estão protegidas pela imunidade fiscal do art. 31, V, "a", Constituição Federal.

**Súmula 78.** [art. 13, parágrafo único, do CTN] – Estão isentas de impostos locais as empresas de energia elétrica, no que respeita às suas atividades específicas.

**Súmula 79.** [art. 13, parágrafo único, do CTN] – O Banco do Brasil não tem isenção de tributos locais.

**Súmula 83.** [art. 19 do CTN] – Os ágios de importação incluem-se no valor dos artigos importados para incidência do imposto de consumo.

**Súmula 85.** [art. 19 do CTN] – Não estão sujeitos ao imposto de consumo os bens de uso pessoal e doméstico trazidos, como bagagem, do exterior.

**Súmula 86.** [art. 19 do CTN] – Não está sujeito ao imposto de consumo automóvel usado, trazido do exterior pelo proprietário.

**Súmula 88.** [art. 19 do CTN] – É válida a majoração da tarifa alfandegária, resultante da Lei nº 3.244, de 14.8.1957, que modificou o Acordo Geral sobre Tarifas Aduaneiras e Comércio (GATT), aprovado pela Lei nº 313, de 30.7.1948.

---

(*) Disponíveis em: http://portal.stf.jus.br/textos/verTexto.asp?servico=jurisprudenciaSumula. Acesso em: 7.1.2022. [Atualizadas até a Súmula 736.]

## ANEXOS

**Súmula 89.** [art. 19 do CTN] – Estão isentas do imposto de importação frutas importadas da Argentina, do Chile, da Espanha e de Portugal, enquanto vigentes os respectivos acordos comerciais.

**Súmula 94.** [art. 45, parágrafo único, do CTN] – É competente a autoridade alfandegária para o desconto, na fonte, do imposto de renda correspondente às comissões dos despachantes aduaneiros.

**Súmula 108.** [arts. 37 e 42 do CTN] – É legítima a incidência do imposto de transmissão *inter vivos* sobre o valor do imóvel ao tempo da alienação e não da promessa, na conformidade da legislação local.

**Súmula 110.** [arts. 35 e 37 do CTN] – O imposto de transmissão *inter vivos* não incide sobre a construção, ou parte dela, realizada pelo adquirente, mas sobre o que tiver sido construído ao tempo da alienação do terreno.

**Súmula 111.** [arts. 35 e 37 do CTN] – É legítima a incidência do imposto de transmissão *inter vivos* sobre a restituição, ao antigo proprietário, de imóvel que deixou de servir à finalidade da sua desapropriação.

**Súmula 112.** [arts. 35 e 38 do CTN] – O imposto de transmissão *causa mortis* é devido pela alíquota vigente ao tempo da abertura da sucessão.

**Súmula 113.** [arts. 35, 37 e 38 do CTN] – O imposto de transmissão *causa mortis* é calculado sobre o valor dos bens na data da avaliação.

**Súmula 114.** [arts. 35 e 38 do CTN] – O imposto de transmissão *causa mortis* não é exigível antes da homologação do cálculo.

**Súmula 115.** [arts. 35 e 38 do CTN] – Sobre os honorários do advogado contratado pelo inventariante, com a homologação do juiz, não incide o imposto de transmissão *causa mortis*.

**Súmula 126.** [art. 77 do CTN] – É inconstitucional a chamada taxa de aguardente, do Instituto do Açúcar e do Álcool.

**Súmula 127.** [art. 77 do CTN] – É indevida a taxa de armazenagem, posteriormente aos primeiros trinta dias, quando não exigível o imposto de consumo, cuja cobrança tenha motivado a retenção da mercadoria.

**Súmula 128.** [art. 77 do CTN] – É indevida a taxa de assistência médica e hospitalar das instituições de previdência social.

**Súmula 129.** [art. 77 do CTN] – Na conformidade da legislação local, é legítima a cobrança de taxa de calçamento.

**Súmula 130.** [art. 77 do CTN] – A taxa de despacho aduaneiro (art. 66 da Lei nº 3.244, de 14.8.1957) continua a ser exigível após o Decreto Legislativo nº 14, de 25.8.1960, que aprovou alterações introduzidas no Acordo Geral sobre Tarifas Aduaneiras e Comércio (GATT).

**Súmula 131.** [art. 77 do CTN] – A taxa de despacho aduaneiro (art. 66 da Lei nº 3.244, de 14.8.1957) continua a ser exigível após o Decreto Legislativo nº 14, de 25.8.1960, mesmo para as mercadorias incluídas na vigente lista III do Acordo Geral sobre Tarifas Aduaneiras e Comércio (GATT).

**Súmula 132.** [art. 77 do CTN] – Não é devida a taxa de previdência social na importação de amianto bruto ou em fibra.

## ANEXO III – SÚMULAS – STF

**Súmula 133.** [art. 77 do CTN] – Não é devida a taxa de despacho aduaneiro na importação de fertilizantes e inseticidas.

**Súmula 134.** [art. 77 do CTN] – A isenção fiscal para a importação de frutas da Argentina compreende a taxa de despacho aduaneiro e a taxa de previdência social.

**Súmula 137.** [art. 77 do CTN] – A taxa de fiscalização da exportação incide sobre a bonificação cambial concedida ao exportador.

**Súmula 140.** [art. 77 do CTN] – Na importação de lubrificantes é devida a taxa de previdência social.

**Súmula 141.** [art. 77 do CTN] – Não incide a taxa de previdência social sobre combustíveis.

**Súmula 142.** [art. 77 do CTN] – Não é devida a taxa de previdência social sobre mercadorias isentas do imposto de importação.

**Súmula 302.** [art. 77 do CTN] – Está isenta da taxa de previdência social a importação de petróleo bruto.

**Súmula 324.** [art. 77 do CTN] – A imunidade do art. 31, V, da Constituição Federal♦ não compreende as taxas.

♦ Constituição dos Estados Unidos do Brasil/1946. Vide art. 150, VI, da CF/1988.

**Súmula 326.** [arts. 35 e 37 do CTN] – É legítima a incidência do imposto de transmissão *inter vivos* sobre a transferência do domínio útil.

**Súmula 327.** [art. 35 do CTN] – O direito trabalhista admite a prescrição intercorrente.

**Súmula 328.** [arts. 35 e 37 do CTN] – É legítima a incidência do imposto de transmissão *inter vivos* sobre a doação de imóvel.

**Súmula 329.** [arts. 35 e 37 do CTN] – O imposto de transmissão *inter vivos* não incide sobre a transferência de ações de sociedade imobiliária.

**Súmula 330.** [art. 35 do CTN] – O Supremo Tribunal Federal não é competente para conhecer de mandado de segurança contra atos dos Tribunais de Justiça dos Estados.

**Súmula 331.** [art. 35 do CTN] – É legítima a incidência do imposto de transmissão *causa mortis* no inventário por morte presumida.

**Súmula 336.** [art. 12 do CTN] – A imunidade da autarquia financiadora, quanto ao contrato de financiamento, não se estende à compra e venda entre particulares, embora constantes os dois atos de um só instrumento.

**Súmula 348.** [art. 77 do CTN] – É constitucional a criação de taxa de construção, conservação e melhoramento de estradas.

**Súmula 418.** [art. 15, parágrafo único, do CTN] – O empréstimo compulsório não é tributo, e sua arrecadação não está sujeita à exigência constitucional da prévia autorização orçamentária.

**Súmula 435.** [art. 35 do CTN] – O imposto de transmissão *causa mortis* pela transferência de ações é devido ao Estado em que tem sede a companhia.

**Súmula 437.** [art. 77 do CTN] – Está isenta da taxa de despacho aduaneiro a importação de equipamento para a indústria automobilística, segundo plano aprovado, no prazo legal, pelo órgão competente.

**Súmula 439.** [art. 195 do CTN] – Estão sujeitos à fiscalização tributária ou previdenciária quaisquer livros

ANEXOS

comerciais, limitado o exame aos pontos objeto da investigação.

**Súmula 470.** [arts. 35 e 37 do CTN] – O imposto de transmissão *inter vivos* não incide sobre a construção, ou parte dela, realizada, inequivocamente, pelo promitente comprador, mas sobre o valor do que tiver sido construído antes da promessa de venda.

**Súmula 536.** [art. 46, parágrafo único; e Título III, Capítulo IV, Seção II, do CTN; e LC nº 87/1996] – São objetivamente imunes ao imposto sobre circulação de mercadorias os *produtos industrializados*, em geral, destinados à exportação, além de outros, com a mesma destinação, cuja isenção a lei determinar.

**Súmula 539.** [art. 34 do CTN] – É constitucional a lei do Município que reduz o imposto predial urbano sobre imóvel ocupado pela residência do proprietário, que não possua outro.

**Súmula 544.** [art. 176 do CTN] – Isenções tributárias concedidas, sob condição onerosa, não podem ser livremente suprimidas.

**Súmula 545.** [art. 3º do CTN] – Preços de serviços públicos e taxas não se confundem, porque estas, diferentemente daqueles, são compulsórias e têm sua cobrança condicionada à prévia autorização orçamentária, em relação à lei que as instituiu.

**Súmula 546.** [art. 165 do CTN] – Cabe a restituição do tributo pago indevidamente, quando reconhecido por decisão, que o contribuinte *de jure* não recuperou do contribuinte *de facto* o *quantum* respectivo.

**Súmula 547.** [art. 162, II, do CTN] – Não é lícito à autoridade proibir que o contribuinte em débito adquira estampilhas, despache mercadorias nas alfândegas e exerça suas atividades profissionais.

**Súmula 560.** [art. 157 do CTN] – A extinção de punibilidade, pelo pagamento do tributo devido, estende-se ao crime de contrabando ou descaminho, por força do art. 18, § 2º, do Decreto-Lei nº 157/1967.

**Súmula 563.** [art. 187 do CTN] – O concurso de preferência a que se refere o parágrafo único do art. 187 do Código Tributário Nacional é compatível com o disposto no art. 9º, inciso I, da Constituição Federal.

**Súmula 569.** [Título III, Capítulo IV, Seção II, do CTN; e LC nº 87/1996] – É inconstitucional a discriminação de alíquotas do imposto de circulação de mercadorias nas operações interestaduais, em razão de o destinatário ser, ou não, contribuinte.

**Súmula 572.** [Título III, Capítulo IV, Seção II, do CTN; e LC nº 87/1996] – No cálculo do imposto de circulação de mercadorias devido na saída de mercadorias para o exterior, não se incluem fretes pagos a terceiros, seguros e despesas de embarque.

**Súmula 573.** [Título III, Capítulo IV, Seção II, do CTN; e LC nº 87/1996] – Não constitui fato gerador do imposto de circulação de mercadorias a saída física de máquinas, utensílios e implementos a título de comodato.

**Súmula 574.** [Título III, Capítulo IV, Seção II, do CTN; e LC nº 87/1996] – Sem lei estadual que a estabeleça, é ilegítima a cobrança do im-

ANEXO III – SÚMULAS – STF

posto de circulação de mercadorias sobre o fornecimento de alimentação e bebidas em restaurante ou estabelecimento similar.

**Súmula 576.** [Título III, Capítulo IV, Seção II, do CTN; e LC nº 87/1996] – É lícita a cobrança do imposto de circulação de mercadorias sobre produtos importados sob o regime da alíquota "zero".

**Súmula 577.** [art. 19 do CTN] – Na importação de mercadorias do exterior, o fato gerador do imposto de circulação de mercadorias ocorre no momento de sua entrada no estabelecimento do importador.

**Súmula 578.** [Título III, Capítulo IV, Seção II, do CTN; e LC nº 87/1996] – Não podem os Estados, a título de ressarcimento de despesas, reduzir a parcela de 20% do produto da arrecadação do imposto de circulação de mercadorias, atribuída aos Municípios pelo art. 23, § 8º, da Constituição Federal.

**Súmula 579.** [Título III, Capítulo IV, Seção II, do CTN; e LC nº 87/1996] – A cal virgem e a hidratada estão sujeitas ao imposto de circulação de mercadorias.

**Súmula 583.** [arts. 12 e 34 do CTN] – Promitente-Comprador de imóvel residencial transcrito em nome de autarquia é contribuinte do imposto predial territorial urbano.

**Súmula 584.** [art. 44 do CTN] – Ao imposto de renda calculado sobre os rendimentos do ano-base, aplica-se a lei vigente no exercício financeiro em que deve ser apresentada a declaração.

**Súmula 587.** [art. 43, II, do CTN] – Incide imposto de renda sobre o pagamento de serviços técnicos contratados no exterior e prestados no Brasil.

**Súmula 588.** [art. 63, parágrafo único, do CTN] – O imposto sobre serviços não incide sobre os depósitos, as comissões e taxas de desconto, cobrados pelos estabelecimentos bancários.

**Súmula 589.** [art. 33 do CTN] – É inconstitucional a fixação de adicional progressivo do imposto predial e territorial urbano em função do número de imóveis do contribuinte.

**Súmula 590.** [arts. 35 e 37 do CTN] – Calcula-se o imposto de transmissão *causa mortis* sobre o saldo credor da promessa de compra e venda de imóvel, no momento da abertura da sucessão do promitente vendedor.

**Súmula 591.** [art. 195 do CTN] – A imunidade ou a isenção tributária do comprador não se estende ao produtor, contribuinte do imposto sobre produtos industrializados.

**Súmula 595.** [arts. 30 e 77 do CTN] – É inconstitucional a taxa municipal de conservação de estradas de rodagem cuja base de cálculo seja idêntica à do imposto territorial rural.

**Súmula 657.** [art. 9º, IV, "d", do CTN] – A imunidade prevista no art. 150, VI, "d", da Constituição Federal abrange os filmes e papéis fotográficos necessários à publicação de jornais e periódicos.

**Súmula 662.** [art. 9º, IV, "d", do CTN] – É legítima a incidência do ICMS na comercialização de exemplares de obras cinematográficas, gravados em fitas de videocassete.

ANEXOS

**Súmula 664.** [art. 63, I, do CTN] – É inconstitucional o inciso V do art. 1º da Lei nº 8.033/1990, que instituiu a incidência do imposto nas operações de crédito, câmbio e seguros – IOF sobre saques efetuados em caderneta de poupança.

**Súmula 665.** [art. 77 do CTN] – É constitucional a Taxa de Fiscalização dos Mercados de Títulos e Valores Mobiliários instituída pela Lei nº 7.940/1989.

**Súmula 667.** [arts. 5º e 77 do CTN] – Viola a garantia constitucional de acesso à jurisdição a taxa judiciária calculada sem limite sobre o valor da causa.

**Súmula 668.** [art. 33 do CTN] – É inconstitucional a lei municipal que tenha estabelecido, antes da Emenda Constitucional nº 29/2000, alíquotas progressivas para o IPTU, salvo se destinada a assegurar o cumprimento da função social da propriedade urbana.

**Súmula 669.** [art. 104 do CTN] – Norma legal que altera o prazo de recolhimento da obrigação tributária não se sujeita ao princípio da anterioridade.

**Súmula 670.** [arts. 77 e 79 do CTN] – O serviço de iluminação pública não pode ser remunerado mediante taxa.

**Súmula 724.** [arts. 9º, IV, "c"; 32; e 194, do CTN] – Ainda quando alugado a terceiros, permanece imune ao IPTU o imóvel pertencente a qualquer das entidades referidas pelo art. 150, VI, "c", da Constituição, desde que o valor dos aluguéis seja aplicado nas atividades essenciais de tais entidades.

**Súmula 730.** [arts. 9º, IV, "c"; e 194, do CTN] – A imunidade tributária conferida a instituições de assistência social sem fins lucrativos pelo art. 150, VI, "c", da Constituição, somente alcança as entidades fechadas de previdência social privada se não houver contribuição dos beneficiários.

# ANEXO IV
# SÚMULAS VINCULANTES DO SUPREMO TRIBUNAL FEDERAL*

**Súmula Vinculante 8.** [art. 173 do CTN] – São inconstitucionais o parágrafo único do art. 5º do Decreto-Lei nº 1.569/1977 e os arts. 45 e 46 da Lei nº 8.212/1991, que tratam de prescrição e decadência de crédito tributário.

**Súmula Vinculante 19.** [art. 77 do CTN] – A taxa cobrada exclusivamente em razão dos serviços públicos de coleta, remoção e tratamento ou destinação de lixo ou resíduos provenientes de imóveis, não viola o art. 145, II, da Constituição Federal.

**Súmula Vinculante 21.** [art. 151, III, do CTN] – É inconstitucional a exigência de depósito ou arrolamento prévios de dinheiro ou bens para admissibilidade de recurso administrativo.

**Súmula Vinculante 24.** [art. 142 do CTN] – Não se tipifica crime material contra a ordem tributária, previsto no art. 1º, incisos I a IV, da Lei nº 8.137/1990, antes do lançamento definitivo do tributo.

**Súmula Vinculante 28.** [art. 151, IV e V, do CTN] – É inconstitucional a exigência de depósito prévio como requisito de admissibilidade de ação judicial na qual se pretenda discutir a exigibilidade de crédito tributário.

**Súmula Vinculante 29.** [art. 77 do CTN] – É constitucional a adoção, no cálculo do valor de taxa, de um ou mais elementos da base de cálculo própria de determinado imposto, desde que não haja integral identidade entre uma base e outra.

**Súmula Vinculante 31.** [Título III, Capítulo IV, Seção VI, do CTN] – É inconstitucional a incidência do Imposto sobre Serviços de Qualquer Natureza – ISS sobre operações de locação de bens móveis.

**Súmula Vinculante 32.** [Título III, Capítulo IV, Seção II, do CTN; e LC nº 87/1996] – O ICMS não incide

---

(*) Disponíveis em: http://portal.stf.jus.br/textos/verTexto.asp?servico=jurisprudenciaSumulaVinculante. Acesso em: 7.1.2022. [Atualizadas até a Súmula Vinculante 58.]

ANEXOS

sobre alienação de salvados de sinistro pelas seguradoras.

**Súmula Vinculante 41.** [art. 77 do CTN] – O serviço de iluminação pública não pode ser remunerado mediante taxa.

**Súmula Vinculante 48.** [art. 19 e Título III, Capítulo IV, Seção II, do CTN; e LC nº 87/1996] – Na entrada de mercadoria importada do exterior, é legítima a cobrança do ICMS por ocasião do desembaraço aduaneiro.

**Súmula Vinculante 50.** [art. 9º, II, do CTN] – Norma legal que altera o prazo de recolhimento de obrigação tributária não se sujeita ao princípio da anterioridade.

**Súmula Vinculante 52.** [art. 9º, IV, "c", do CTN] – Ainda quando alugado a terceiros, permanece imune ao IPTU o imóvel pertencente a qualquer das entidades referidas pelo art. 150, VI, "c", da Constituição Federal, desde que o valor dos aluguéis seja aplicado nas atividades para as quais tais entidades foram constituídas.

**Súmula Vinculante 57.** [art. 194 do CTN] – A imunidade tributária constante do art. 150, VI, d, da CF/88 aplica-se à importação e comercialização, no mercado interno, do livro eletrônico (*e-book*) e dos suportes exclusivamente utilizados para fixá-los, como leitores de livros eletrônicos (*e-readers*), ainda que possuam funcionalidades acessórias.

**Súmula Vinculante 58.** [art. 49 do CTN] – Inexiste direito a crédito presumido de IPI relativamente à entrada de insumos isentos, sujeitos à alíquota zero ou não tributáveis, o que não contraria o princípio da não cumulatividade.

# ANEXO V
# SÚMULAS
# DO SUPERIOR TRIBUNAL DE JUSTIÇA*

**Súmula 20.** [art. 98 do CTN] – A mercadoria importada de país signatário do GATT é isenta do ICM, quando contemplado com esse favor o similar nacional.

**Súmula 71.** [art. 98 do CTN] – O bacalhau importado de país signatário do GATT é isento do ICM.

**Súmula 80.** [art. 77 do CTN] – A taxa de melhoramento dos portos não se inclui na base de cálculo do ICMS.

**Súmula 95.** [Título III, Capítulo IV, Seção II, do CTN; e LC nº 87/1996] – A redução da alíquota do imposto sobre produtos industrializados ou do imposto de importação não implica redução do ICMS.

**Súmula 112.** [art. 151, II, do CTN] – O depósito somente suspende a exibilidade do crédito tributário se for integral e em dinheiro.

**Súmula 124.** [art. 20, II, do CTN] – A taxa de melhoramento dos portos tem base de cálculo diversa do imposto de importação, sendo legítima a sua cobrança sobre a importação de mercadorias de países signatários do GATT, da ALALC ou ALADI.

**Súmula 125.** [art. 43, I e II, do CTN] – O pagamento de férias não gozadas por necessidade do serviço não está sujeito à incidência do imposto de renda.

**Súmula 129.** [Título III, Capítulo IV, Seção II, do CTN; e LC nº 87/1996] – O exportador adquire o direito de transferência de crédito do ICMS quando realiza a exportação do produto e não ao estocar a matéria-prima.

**Súmula 136.** [art. 43, I e II, do CTN] – O pagamento de licença-prêmio não gozada por necessidade do serviço não está sujeito ao imposto de renda.

**Súmula 160.** [art. 33 do CTN] – É defeso, ao município, atualizar o IPTU, mediante decreto, em percentual superior ao índice oficial de correção monetária.

**Súmula 162.** [art. 165 do CTN] – Na repetição de indébito tributário, a

---

(*) Disponíveis em: https://scon.stj.jus.br/docs_internet/VerbetesSTJ.pdf. Acesso em: 7.1.2022. [Atualizadas até a Súmula 649.]

## ANEXOS

correção monetária incide a partir do pagamento indevido.

**Súmula 185.** [art. 63, I, do CTN] – Nos depósitos judiciais, não incide o imposto sobre operações financeiras.

**Súmula 188.** [arts. 165 e 167 do CTN] – Os juros moratórios, na repetição do indébito tributário, são devidos a partir do trânsito em julgado da sentença.

**Súmula 210.** [arts. 173 e 174 do CTN] – A ação de cobrança das constribuições para o FGTS prescreve em trinta (30) anos.

**Súmula 212.** [art. 170-A do CTN] – A compensação de créditos tributários não pode ser deferida em ação cautelar ou por medida liminar cautelar ou antecipatória.

**Súmula 213.** [art. 170-A do CTN] – O mandado de segurança constitui ação adequada para a declaração do direito à compensação tributária.

**Súmula 215.** [art. 43 do CTN] – A indenização recebida pela adesão a programa de incentivo à demissão voluntária não está sujeita à incidência do imposto de renda.

**Súmula 314.** [art. 174 do CTN] – Em execução fiscal, não localizados bens penhoráveis, suspende-se o processo por um ano, findo o qual se inicia o prazo da prescrição quinquenal intercorrente.

**Súmula 334.** [art. 68 do CTN] – O ICMS não incide no serviço dos provedores de acesso à Internet.

**Súmula 350.** [art. 68 do CTN] – O ICMS não incide sobre o serviço de habilitação de telefone celular.

**Súmula 360.** [art. 138 do CTN] – O benefício da denúncia espontânea não se aplica aos tributos sujeitos a lançamento por homologação regularmente declarados, mas pagos a destempo.

**Súmula 386.** [art. 43 do CTN] – São isentas de imposto de renda as indenizações de férias proporcionais e o respectivo adicional.

**Súmula 392.** [art. 202 do CTN] – A Fazenda Pública pode substituir a certidão de dívida ativa (CDA) até a prolação da sentença de embargos, quando se tratar de correção de erro material ou formal, vedada a modificação do sujeito passivo da execução.

**Súmula 399.** [art. 34 do CTN] – Cabe à legislação municipal estabelecer o sujeito passivo do IPTU.

**Súmula 412.** [art. 168] – A ação de repetição de indébito de tarifas de água e esgoto sujeita-se ao prazo prescricional estabelecido no Código Civil.

**Súmula 430.** [art. 134, VII, do CTN] – O inadimplemento da obrigação tributária pela sociedade não gera, por si só, a responsabilidade solidária do sócio-gerente.

**Súmula 435.** [art. 134, VII, do CTN] – Presume-se dissolvida irregularmente a empresa que deixar de funcionar no seu domicílio fiscal, sem comunicação aos órgãos competentes, legitimando o redirecionamento da execução fiscal para o sócio-gerente.

**Súmula 436.** [art. 142 do CTN] – A entrega de declaração pelo contribuinte reconhecendo débito fiscal constitui o crédito tributário, dispensada qualquer outra providência por parte do fisco.

**Súmula 437.** [art. 151 do CTN] – A suspensão da exigibilidade do crédito tributário superior a quinhentos

ANEXO V – SÚMULAS – STJ

mil reais para opção pelo REFIS pressupõe a homologação expressa do comitê gestor e a constituição de garantia por meio do arrolamento de bens.

**Súmula 446.** [arts. 142 e 205 do CTN] – Declarado e não pago o débito tributário pelo contribuinte, é legítima a recusa de expedição de certidão negativa ou positiva com efeito de negativa.

**Súmula 447.** [arts. 43 e 165 do CTN] – Os Estados e o Distrito Federal são partes legítimas na ação de restituição de imposto de renda retido na fonte proposta por seus servidores.

**Súmula 460.** [art. 170-A do CTN] – É incabível o mandado de segurança para convalidar a compensação tributária realizada pela contribuinte.

**Súmula 461.** [art. 165 do CTN] – O contribuinte pode optar por receber, por meio de precatório ou por compensação, o indébito tributário certificado por sentença declaratória transitada em julgado.

**Súmula 463.** [art. 43 do CTN] – Incide imposto de renda sobre os valores percebidos a título de indenização por horas extraordinárias trabalhadas, ainda que decorrentes de acordo coletivo.

**Súmula 464.** [art. 170-A do CTN] – A regra de imputação de pagamentos estabelecida no art. 354 do Código Civil não se aplica às hipóteses de compensação tributária.

**Súmula 494.** [art. 49 do CTN] – O benefício fiscal do ressarcimento do crédito presumido do IPI relativo às exportações incide mesmo quando as matérias-pirmas ou os insumos sejam adquiridos de pessoa física ou jurídica não contribuinte do PIS/PASEP.

**Súmula 495.** [art. 49 do CTN] – A aquisição de bens integrantes do ativo permanente da empresa não gera direito a creditamento de IPI.

**Súmula 497.** [art. 187 do CTN] – Os créditos das autarquias federais preferem aos créditos da Fazenda estadual desde que coexistam penhoras sobre o mesmo bem.

**Súmula 498.** [art. 43 do CTN] – Não incide imposto de renda sobre a indenização por danos morais.

**Súmula 509.** [art. 136 do CTN] – É lícito ao comerciante de boa-fé aproveitar os créditos de ICMS decorrentes de nota fiscal posteriormente declarada inidônea, quando demonstrada a veracidade da compra e venda.

**Súmula 523.** [art. 161, § 1º, do CTN] – A taxa de juros de mora incidente na repetição de indébito de tributos estaduais deve corresponder à utilizada para cobrança do tributo pago em atraso, sendo legítima a incidência da taxa SELIC, em ambas as hipóteses, quando prevista na legislação local, vedada sua cumulação com quaisquer outros índices.

**Súmula 554.** [arts. 129; 132, parágrafo único; e 133, do CTN] – Na hipótese de sucessão empresarial, a responsabilidade da sucessora abrange não apenas os tributos devidos pela sucedida, mas também as multas moratórias ou punitivas referentes a fatos geradores ocorridos até a data da sucessão.

**Súmula 555.** [art. 173 do CTN] – Quando não houver declaração do débito, o prazo decadencial quinquenal para o Fisco constituir o crédito tributário conta-se exclusivamente na forma do art. 173, I, do CTN, nos casos em que a legislação atribui ao sujeito passivo o dever de antecipar o pagamento sem prévio exame da autoridade administrativa.

**Súmula 560.** [art. 185-A do CTN] – A decretação da indisponibilidade de bens e direitos, na forma do art. 185-A do CTN, pressupõe o exaurimento das diligências na busca por bens penhoráveis, o qual fica caracterizado quando infrutíferos o pedido de constrição sobre ativos financeiros e a expedição de ofícios aos registros públicos do domicílio do executado, ao DENATRAN ou DETRAN.

**Súmula 612.** [art. 9º, IV, "c"; e 14, do CTN] – O certificado de entidade beneficente de assistência social (CEBAS), no prazo de sua validade, possui natureza declaratória para fins tributários, retroagindo seus efeitos à data em que demonstrado o cumprimento dos requisitos estabelecidos por lei complementar para a fruição da imunidade.

**Súmula 614.** [arts. 32, 34, 123 e 166 do CTN] – O locatário não possui legitimidade ativa para discutir a relação jurídico-tributária de IPTU e de taxas referentes ao imóvel alugado nem para repetir indébito desses tributos.

**Súmula 622.** [arts. 142 e 174 do CTN] – A notificação do auto de infração faz cessar a contagem da decadência para a constituição do crédito tributário; exaurida a instância administrativa com o decurso do prazo para a impugnação ou com a notificação de seu julgamento definitivo e esgotado o prazo concedido pela Administração para o pagamento voluntário, inicia-se o prazo prescricional para a cobrança judicial.

**Súmula 625.** [arts. 168; e 174, parágrafo único, do CTN] – O pedido administrativo de compensação ou de restituição não interrompe o prazo prescricional para a ação de repetição de indébito tributário de que trata o art. 168 do CTN nem o da execução de título judicial contra a Fazenda Pública.

**Súmula 626.** [art. 32, § 1º, do CTN] – A incidência do IPTU sobre imóvel situado em área considerada pela lei local como urbanizável ou de expansão urbana não está condicionada à existência dos melhoramentos elencados no art. 32, §1º, do CTN.

**Súmula 627.** [art. 111 do CTN] – O contribuinte faz jus à concessão ou à manutenção da isenção do imposto de renda, não se lhe exigindo a demonstração da contemporaneidade dos sintomas da doença nem da recidiva da enfermidade.

**Súmula 640.** [art. 23 do CTN] – O benefício fiscal que trata do Regime Especial de Reintegração de Valores Tributários para as Empresas Exportadoras (REINTEGRA) alcança as operações de venda de mercadorias de origem nacional para a Zona Franca de Manaus, para consumo, industrialização ou reexportação para o estrangeiro.

# ÍNDICE REMISSIVO

**ADMINISTRAÇÃO TRIBUTÁRIA:** arts. 194 a 208

– Certidões negativas: arts. 205 a 208
– Dívida ativa: arts. 201 a 204
– Fiscalização: arts. 194 a 200

**ASSISTÊNCIA TÉCNICA AOS GOVERNOS**

– Incumbência: art. 211

**COMPETÊNCIA TRIBUTÁRIA:** arts. 6º a 15

– Atribuição Constitucional: art. 6º
– Indelegabilidade: art. 7º
– Não exercício da: art. 8º

**COMPETÊNCIA TRIBUTÁRIA, LIMITAÇÕES DA:** arts. 9º a 15

– Empréstimos compulsórios: art. 15
– Não aplicação aos serviços públicos concedidos: art. 13
– Subordinação à observância de requisitos: art. 14
– Vedação à União: art. 10
– Vedação aos Estados: art. 11
– Vedação, extensão às autarquias: art. 12
– Vedação nas três esferas: art. 9º

**CONSOLIDAÇÃO DA LEGISLAÇÃO TRIBUTÁRIA**

– Prazo: art. 212

**CONSTITUIÇÃO DO CRÉDITO TRIBUTÁRIO:** arts. 142 a 150

– Lançamento, competência: art. 142
– Lançamento, data da ocorrência: art. 144
– Lançamento, modalidades: arts. 147 a 150
– Lançamento, modificação: arts. 145 e 146
– Lançamento, valor em moeda estrangeira: art. 143

**CONTRIBUIÇÃO DE MELHORIA:** arts. 81 e 82

– Instituição: art. 81
– Requisitos mínimos: art. 82

**CRÉDITO TRIBUTÁRIO:** arts. 139 a 193

– Ação para cobrança do, prescrição: art. 174
– Circunstâncias modificadoras do crédito, não afetação da obrigação: art. 140
– Decorrência do: art. 139
– Direito de constituição do, prescrição: art. 173

**DIS**     ÍNDICE REMISSIVO

– Indisponibilidade do: art. 141

*Vide*: Constituição do Crédito Tributário; Garantias e Privilégios do Crédito Tributário; Exclusão do Crédito Tributário; Extinção do Crédito Tributário; Suspensão do Crédito Tributário

**DISTRIBUIÇÃO DE RECEITAS TRIBUTÁRIAS:** arts. 83 a 95

– Celebração de convênio entre Estados e Municípios: art. 83

– Encargo de arrecadação: art. 84

**EXCLUSÃO DE CRÉDITO TRIBUTÁRIO:** arts. 175 a 182

– Anistia: arts. 180 a 182

– Isenção: arts. 176 a 179

– Tipos de: art. 175

**EXTINÇÃO DO CRÉDITO TRIBUTÁRIO:** arts. 156 a 174

– Compensação de, possibilidade: art. 170

– Compensação de, vedação: art. 170-A

– Modalidades: art. 156

– Pagamento: arts. 157 a 164

– Pagamento indevido: arts. 165 a 169

– Remissão, possibilidade: art. 172

– Transação, possibilidade: art. 171

**FAZENDA PÚBLICA**

– Abrangência da expressão na lei: art. 209

**FUNDOS DE PARTICIPAÇÃO DOS ESTADOS E DOS MUNICÍPIOS:** arts. 86 a 94

– Distribuição dos Estados, critério de: art. 90

– Distribuição dos Municípios, critério de: art. 91

– Quotas Estaduais e Municipais, Cálculo e pagamentos das: art. 92

**GARANTIAS E PRIVILÉGIOS DO CRÉDITO TRIBUTÁRIO:** arts. 183 a 193

– Alienação ou oneração fraudulenta de bens de renda, presunção: art. 185

– Enumeração exemplificativa do CTN: art. 183

– Preferências: arts. 186 a 193

– Indisponibilidade de bens: art. 185-A

– Patrimônio do sujeito passivo, responde pelo débito: art. 184

**IMPOSTO ESTADUAL SOBRE OPERAÇÕES RELATIVAS À CIRCULAÇÃO DE MERCADORIAS:** Lei Complementar nº 87/1996; e Resolução nº 22/1989 do Senado Federal

– Convênio para exclusão ou limitação: art. 214

**IMPOSTO SOBRE A PROPRIEDADE PREDIAL E TERRITORIAL URBANA:** arts. 32 a 34

– Base de cálculo: art. 33

– Competência: art. 32

– Contribuinte: art. 34

– Fato gerador: art. 32

**IMPOSTO SOBRE A PROPRIEDADE TERRITORIAL RURAL:** arts. 29 a 31

ÍNDICE REMISSIVO **IMP**

- Base de cálculo: art. 30
- Competência: art. 29
- Contribuinte: art. 31
- Fato gerador: art. 29
- Formas de distribuição: art. 85

**IMPOSTO SOBRE A RENDA E PROVENTOS DE QUALQUER NATUREZA:** arts. 43 a 45

- Base de cálculo: art. 44
- Competência: art. 43
- Contribuinte: art. 45
- Fato gerador: art. 43
- Formas de distribuição: art. 85

**IMPOSTO SOBRE A TRANSMISSÃO DE BENS IMÓVEIS E DE DIREITOS A ELES RELATIVOS:** arts. 35 a 42

- Base de cálculo: art. 38
- Competência: arts. 35 e 41
- Contribuinte: art. 42
- Dedução, possibilidade de: art. 40
- Fato gerador: art. 35
- Inaplicabilidade: art. 37
- Não incidência: art. 36
- Política Nacional de habitação: art. 39

**IMPOSTO SOBRE OPERAÇÕES DE CRÉDITO, CÂMBIO E SEGURO, E SOBRE OPERAÇÕES RELATIVAS A TÍTULOS E VALORES MOBILIÁRIOS:** arts. 63 a 67

- Alteração de alíquotas, possibilidade: art. 65
- Base de cálculo: art. 64
- Competência: art. 63
- Contribuinte: art. 66
- Destinação: art. 67
- Fato gerador: art. 63

**IMPOSTO SOBRE OPERAÇÕES RELATIVAS A COMBUSTÍVEIS, LUBRIFICANTES, ENERGIA ELÉTRICA E MINERAIS DO PAÍS:** arts. 74 e 75

- Competência: art. 74
- Fato gerador: art. 74
- Sobre observância de Lei: art. 75

**IMPOSTO SOBRE SERVIÇOS DE QUALQUER NATUREZA:** Lei Complementar nº 116/2003

**IMPOSTO SOBRE SERVIÇOS DE TRANSPORTES E COMUNICAÇÕES:** arts. 68 a 70

- Base de cálculo: art. 69
- Competência: art. 68
- Contribuinte: art. 70
- Fato gerador: art. 68

**IMPOSTOS:** arts. 16 a 76

- Competência para instituição de: art. 18
- Definição: art. 16
- Limitação legal: art. 17

**IMPOSTOS EXTRAORDINÁRIOS**

- Possibilidade de instituição: art. 76

**IMPOSTOS SOBRE A EXPORTAÇÃO:** arts. 23 a 28

- Alteração de alíquotas, possibilidade: art. 26
- Base de cálculo: arts. 24 e 25
- Competência: art. 23

**IMP**    ÍNDICE REMISSIVO

– Contribuinte, definição: art. 27

– Destinação: art. 28

– Fato gerador: art. 23

**IMPOSTOS SOBRE A IMPORTAÇÃO:** arts. 19 a 22

– Alteração de alíquotas, possibilidade de: art. 21

– Base de cálculo: art. 19

– Competência: art. 20

– Contribuinte, definição: art. 22

– Fato gerador: art. 20

**IMPOSTO SOBRE PRODUTOS INDUSTRIALIZADOS:** arts. 46 a 51

– Base de cálculo: art. 47

– Competência: art. 46

– Contribuinte: art. 51

– Controle fiscal: art. 50

– Fato gerador: art. 46

– Não cumulativo: art. 49

– Seletividade: art. 48

**LEGISLAÇÃO TRIBUTÁRIA:** arts. 96 a 112

– Aplicação da: arts. 105 e 106

– Decretos, alcance: art. 99

– Definição: art. 96

– Interpretação e integração da: arts. 107 a 112

– Lei, competência: art. 97

– Não exclusão, incidência e exigibilidade da contribuição sindical, quotas de previdência e contribuição destina a constituir fundo de assistência e previdência do trabalhador rural: art. 217

– Normas complementares, definição: art. 100

– Tratados e convenções internacionais, competência: art. 98

– Vigência: arts. 101 a 104

**OBRIGAÇÃO TRIBUTÁRIA:** arts. 113 a 127

– Fato gerador: arts. 114 a 118

– Tipos: art. 113

*Vide*: Sujeito Ativo; Sujeito Passivo

**PRAZOS**

– Contagem: art. 210

**RESPONSABILIDADE TRIBUTÁRIA:** arts. 128 a 138

– Atribuição legal: art. 128

– De terceiros: arts. 134 e 135

– Dos Sucessores: arts. 129 a 133

– Por infrações: arts. 136 a 138

**SISTEMA TRIBUTÁRIO NACIONAL:** arts. 2º a 95

– Lei regulamentadora: art. 1º

– Regência: art. 2º

*Vide*: Tributo

**SUJEITO ATIVO:** arts. 119 e 120

– Definição: art. 119

– Pessoa jurídica de direito público: art. 120

**SUJEITO PASSIVO:** arts. 121 a 127

– Capacidade tributária: art. 126

– Convenções particulares: art. 123

– Da obrigação acessória, definição: art. 122

– Da obrigação principal, definição: art. 121

- Domicílio tributário: art. 127
- Solidariedade: arts. 124 e 125

**SUSPENSÃO DO CRÉDITO TRIBUTÁRIO:** arts. 151 a 155-A

- Causas de suspensão de exigibilidade: art. 151
- Moratória: arts. 152 a 155-A

**TAXAS:** arts. 77 a 80

- Competência: art. 77
- Fato gerador: art. 77
- Instituição e cobrança: art. 80
- Poder de polícia, definição: art. 78
- Serviços públicos, definição: art. 79

**TRIBUTO**

- Definição: art. 3º
- Natureza Jurídica do: art. 4º
- Tipos de: art. 5º

Este livro foi impresso pela Gráfica Grafilar
em fonte Arial sobre papel Offset 70 g/m²
para a Edipro.